自然自得

任万忠／著

吉林文史出版社

序：一切尽在"自然"中

人们常说，我们从远古走来，可是，远古有多远，与今天又有多近呢？人生于天地间，可是，天地有多广，与我们又有多亲呢？这些不太为人们所关心的常识，恰恰是我们研悟颐养身心之道需要首先弄清的问题。因此，十分有必要追本溯源、厘清思路。

（一）人本自然

坐落于我的家乡辽宁省朝阳市的国家级古生物化石博物馆，有两件世界级的"镇馆之宝"，一件是"辽宁古果"化石，一件是"中华龙鸟"化石。据世界权威的古生物专家鉴定，这两块化石形成于一亿五千万年前，是目前发现的最早的花果化石和鸟化石，故有"朝阳是世界上第一朵花绽放、第一只鸟飞起的地方"之说。古老的朝阳也因此引起了全世界的关注。化石上那枝耀眼的花好似一株树枝丫，细小纤弱不说，也远不如今天的花朵那么奔放与繁茂；而那只幸运的鸟则长着四条腿，拖着个长长的尾巴，似乎更像只走兽。然而，就是这两件乍看起来并不起眼的东西，却引起了人们的高度关注与极大兴趣。其巨大研究价值在于，它蕴含着当时地球生命环境的丰富信息，展现了人类诞生之前原始家园的部分生物样貌，证明了万事万物都是在大自然的怀抱中不断演进的，彰显了大自然的神奇和伟力。

科学研究证明，大约在 46 亿年前，人类赖以生存的地球就形成了；3.8 亿年前，陆地开始生长植物；2.3 亿年前，恐龙出现，并在地球上生存了 1.6 亿年；6000 万年前，灵长类动物出现；3500 万年前，人类祖先古猿出现。

人类的进化起源于森林古猿，从灵长类开始，走过了漫长的进化过程，经历了从猿人类、原始人类、智人类到现代人类四个阶段。大约于 20 万到 200 万年前形成了早期智人，大约 1 万年前出现了晚期智人，也就是我们现代人的祖先。智人与其他动物相比，具有高度发达的大脑，具有思维、语言，能直立行走，会创造和使用工具。从此，人类具有了社会属性，人类文明也就此诞生。

天地位焉，万物育焉。人类自诞生以来，即与自然共生共存。《序卦传》说："有天地然后有万物，有万物然后有男女。"《周易·乾卦》称："夫大人者与天地合其德，与日月合其明，与四时合其序，与鬼神合其吉凶，先天而天弗违，后天而奉天时。"庄子曰："天地与我并生，而万物与我为一。"天地万物无不顺应自然，合乎自然。这一切都说明，人从自然界中产生，是自然界的一部分，人与自然本为一体。

（二）适者生存

目前的研究成果表明，在地球生命演进的过程中，经历了五次生物大灭绝。第一次发生在 4.4 亿年前，生活在水中的无脊椎动物荡然无存；第二次发生在 3.65 亿年前，地球上大约 70％ 的物种灭绝；第三次发生在 2.5 亿年前，最为严重，有 90％ 以上的物种消失；第四次发生在 2.08 亿年前，主要是海洋生物遭到重创，从此恐龙开始了 1 亿多年的统治；第五次发生在 6500 万年前，毁灭了包括恐龙在内的 80% 左右的地球物种。物种灭绝的原因，是环境发生剧烈变化，物种本身缺乏合适的变异来适应变化的环境，或者由于其他物种的竞争与排挤，该物种在有限的空间和有限的可利用资源的情况下不能适应，从而导致灭绝。

19 世纪初，英国生物学家、进化论的奠基人达尔文提出了"物竞天择、适者生存"理论，还论证了人类自较低的生命形式进化而来，人类与其他动物的心理有相似之处，进化过程中经历了自然选择。他的进化论所揭示的，是生物相互竞争，物种之间及生物内部之间相互竞争，物种与自然之间的抗争，能适应者生存下来的一种自然法则。

达尔文的理论说明，人类既要在自然选择中谋取生存与发展的动力，又要在适应自然中赢得进化，才能够源远流长、生生不息。因此说，自然之于生命，唯适者得以生存。

（三）道法自然

比达尔文早出生 2300 多年的我国西周时期的大思想家老子有句名言："人法地，地法天，天法道，道法自然。"指出天大、地大，但"道"是最具本质性的东西，"道"就是万物本来的样子，人就是要顺从这个自然规律。简单地解释，人必须遵从事物存在的根本规律性。从老子提出这一思想至今，人们仍然在研究和弘扬它。最根本的价值是它指出了人类从自然界中来，与自然界同源，天地间所有事物都有其基本规律和原则。这是对天、地、人乃至宇宙的生命规律的精辟阐述。按照老子的这一思想来指导我们的生活，就应该说，遵从人的生命的规律，就是遵循自然规律，而人的生命的规律必定符合天、地、人之间乃至整个宇宙的生命规律。

《黄帝内经·素问》说："人以天地之气生，四时之法成。""夫四时阴阳者，万物之根本也。所以圣人春夏养阳，秋冬养阴，以从其根。""逆其根，则伐其本，坏其真矣。"

大自然无比伟大而神奇。科学家近期发现的属于常规物质的"黑洞"，推测的"暗物质""暗能量"的存在，进一步丰富了人类对宇宙的认知。科学家还推测，科学发展至今，我们看到的世界，仅仅是整个世界的5%。1000 年前人类不知道空气，不知道有电场、磁场，不知道有元素，以为天圆地方，其实，我们不知道的世界还多到难以想象。远的不说，就以发生在我们身边的事实为例，意识是不是物质、梦到底是怎么回事、影响命运的其他因素是否存在等，都有待深入研究。每一次对世界的重新认识，即是对人类生命的重新认识。人这一生都需要不断地了解生命机理，探索生命的意义，遵循生命的自然路径。所有这些都在提示我们：要谨守人类已定论的自然常识，尊重自然规律，不能为所欲为。

（四）大道至简

一个人来到这个世界上，是生命赋予了他一切。生命无比伟大，无比崇高，无比珍贵；它所承载的负荷重，面临的风险挑战多，需求也十分严苛。因此说，世间万物最为宝贵的是人的生命，人必须把自身健康放在至高无上的位置。对一个人而言，生命是一切的根本，健康是生命的保证，而养生又是健康的基础。然而，在充满未知的人生的旅途中，颐养生命的"至简大道"究竟在哪里呢？

人类生存发展的道路始终不是一帆风顺的，走在漫长的历史长河之中，在自觉不自觉之中，人与自然的关系逐渐出现了一些不和谐的问题，比如：生态环境越来越脆弱，资源可持续利用能力明显弱化，大气污染的危害愈发严重；人们精神压力偏大，缺少休息的时间和条件，"亚健康"现象突出……令人欣慰的是，多年来，各国家已经高度重视并致力于解决这一问题，且取得了一定成效，但仍任重道远。

现在，我们确实应该冷静地面对这个纷繁的世界，以严谨科学的态度来认识自然，审视生命，拨开迷雾，抹去浮华，清除障碍，让生命的颐养重新回归"自然"。

古人把"人与自然融合一体"作为养生的最高境界，主张遵循先天后天并重、内外兼养、动静结合、天人合一、综合调理的原则，以自然之心合于自然之身，顺于自然之法。《黄帝内经》又具体提出了养生的三个层次：第一个层次是形体保养，通过内养正气，避免外邪入侵；第二个层次是形神共养，守住内心的真气，精神乃至；第三个层次是天人合一，顺应自然，真正和自然融为一体，此乃养生的最高境界。这些思想精华永远都不会过时，今天依然是养生的必遵之法。

我在学习与实践中领悟到，养生的真谛是自然自得。

这里的"自然"含义有三个层次：第一个是客观存在的大自然，第二个是事物发展的自然规律；第三个是人的身心所具有的自然状态。"自得"的含义也有三个层次：第一个是感受到身心愉悦的状态；第二个是颐养身心所取得的成效；第三个是由自发到自觉而升华出的理性认识。

自然自得，唯有自然，才能自得；自然了，肯定会自得；自得了，更习惯自然。越自然，生命的动力越充足，自得的健康快乐也就越充分，生命的品质也会越高尚。

人类从自然中走来，

生命里跳动着自然的节拍。

顺其自然是养生的不二法宝，

人生一世要的就是活个明白。

那么，自然自得是个什么样的生活状态和人生境界呢？简而言之：

一日三餐食五味，

经年不违四季风。

晨迎朝阳晚送月，

山水之间品人生。

目　录

第一章　与自然节律同频共振

【提要】

人，生于天地间，生命的源泉是大自然。自然界的四季轮回，是人生长的年轮；万物的春生夏长秋收冬藏，是人体变化的节律；日出日落，是人一张一弛的节奏。人在主观上如何顺应自然，于养生至关重要。认识自然，就是了解生命的规律；尊重自然，就是尊重生命的权利；顺从自然，就是遵循生命的法则。

自然的状态最完美，平常的日子最养人。人与自然和谐相处，同频共振，是自然的长青之道，更是生命的长寿之道。

现在，生活条件好了，许多人生活也"讲究"起来了：夏不让日晒，冬不经风霜；该出的汗排不出来，该藏的阳气藏不住；晚上熬夜不睡，白天"趴窝"不起。到头来呢，本想来享受的，却浑身不自在；身体硬邦邦的，整天懒洋洋的；本身没啥问题，却添了不少毛病。这就是四季不分、昼夜颠倒带来的后果。

《黄帝内经·素问》指出，自然界是个大宇宙，人体是个"小宇宙"，人体变化规律与自然界变化规律相合相应。书中还提出了一个"气交"的概念。指出天气在上，地气在下，天气下降，地气上升，天气、地气相互交会之处，就是人类的生存之处。天地之气的交点是天枢，天枢之上，属天气所主；天枢之下，属地气所主；气交的地方，是人气顺应天地之气变化的地方，也是万物生长生化的地方。

一、养生要做一辈子

今年笋子明年竹，少壮身体老壮福。
颐养当作一辈子，笑看韶华到白头。

人从幼年到老年、身体由健康到衰弱是一个自然发展的过程，而养生就是在顺应自然中延缓衰老的过程，目的是让生命免受不良因素干扰，保持动力充盈，使生命长久并且有品质。养生不是老年人的专利，许多人身体基础性疾病都是年轻时埋下的

"隐患"，那时血气方刚，什么都不在乎，等到老年就剩下后悔了。这个教训应尽早为人们所汲取，未病先防，要从年轻时候做起，在哪个阶段就要做哪个阶段的事情。

人体生长的自然规律是什么样子呢？

《黄帝内经·灵枢·天年》中，以百岁为期，以十岁为阶段，阐述了人体生命各个阶段的生理特点，在中医学上很具有权威意义。

人生十岁，五脏始定，血气已通，其气在下，故好走。

人从出生、婴幼儿，到10岁少年，五脏就稳定下来了，气血已经通畅，具有很旺盛的上升趋势，所以喜欢跑。

二十岁，血气始盛，肌肉方长，故好趋。

到了20岁，气血开始充盛，肌肉也开始丰满起来，所以喜欢快走。

三十岁，五脏大定，肌肉坚固，气血盛满，故好步。

到了30岁，五脏发育成熟，肌肉结实，血脉充盈，一切发育都很完整，所以喜欢行走。

四十岁，五脏六腑十二经脉，皆大盛以平定，腠理始疏，荣华颓落，发颇斑白，平盛不摇，故好坐。

到了40岁，五脏六腑及十二经脉都十分旺盛而且平和稳定，皮肤毛孔开始疏松，有点颓落、衰老之象，脸上也起了皱纹，并有白发出现。这个年岁肾气开始走下坡路，所以平稳住了，喜欢安坐。

五十岁，肝气始衰，肝叶始薄，胆汁始减，目始不明。

到了50岁，肝气开始衰退，肝叶也开始变薄，胆汁也减少了，视力下降，眼睛也花了。女人的更年期在此时出现。从50岁开始，五脏的变化呈现一个规律：按照肝（木）、心（火）、脾（土）、肺（金）、肾（水）的顺序，开始衰退，因为早升早衰，从四季的春（属木）开始，到冬（属水），与升的次序相应。

六十岁，心气始衰，苦忧悲，血气懈惰，故好卧。

到了60岁，心气开始衰退，气血开始不足了，运动缓慢，精神不济，喜欢躺卧着。男人的更年期也在55岁至64岁出现。

七十岁，脾气虚，皮肤枯。

到了70岁，脾气虚弱，因为脾主肌肉，皮肤松弛了，肌肉也不结实了。

八十岁，肺气衰，魄离，故言善误。

到了80岁，肺气衰退，魂魄离散，所以语言经常颠倒错乱。

九十岁，肾气焦，四脏经脉空虚。

到了90岁，肾气肾精全枯焦了，肝、心、肺、肾四脏经脉都已空虚了。精气都已经不足了，但脾胃之气还在维持。

一百岁，五脏皆虚，神气皆去，形骸独居而终矣。

到了100岁，五脏全部空虚了，精气神也都消散了，只有形体躯壳存在而终其天年了。

《黄帝内经》中讲的是人体变化的一般规律，至今已被医学界普遍认可。人的生命还将不可避免地受到许多身体以外因素的制约和影响，包括自然、社会、心理、物质条件等的直接作用，甚至出现疾病、死亡等不可预知的变故。因此，人来到这个世界上，首要的也是最重要的责任，就是要积极顺应人体生长变化的自然规律，谨慎呵护好生命健康。

那么，人们应该如何适应生命变化规律呢？

10岁左右，孩子的特点就是好动。不管男孩女孩，都应该活蹦乱跳的。所以，不要压抑孩子的这种天性，让他们尽情地蹦跳玩耍。不能给孩子过多的课业负担，不让他们过早地背上心灵的重负，要给孩子充足的户外活动时间。这才有利于孩子五脏六腑等器官的发育和成长。

20岁，正是人生的青少年时期，也是青春期的阶段，气血旺盛、肌肉开始发达。这个阶段练习快步走最好，不仅可以促进身体发育，还可以锻炼肌肉。青少年时期，人的气血运行、身体发育正处于渐盛阶段，体内的阴精还没有达到旺盛的程度，肠胃等器官发育还比较弱，饮食要满足身体发育的需要，又要保护好脆弱的肠胃器官。要有规律地生活，保证充足的睡眠时间，防止用脑过度，让大脑快速发育。

30岁，身体器官和组织已经发育完善，其功能也达到最佳状态，举止沉着，步伐稳健，但已经面临许多压力。此时，散步是最合适的运动，避免久坐伤肾，防止落下腰酸腿疼的病根。俗话说："年轻不养生，老了养医生。"因此，养生宜早不宜迟。

40岁，壮年时期，人的身体已经发育成熟，人会显得体格健壮，成熟稳重。需要增加一些柔和的运动方式，合理配餐，饮食有节，控制体重。人到中年静坐是最好的养生方式，可以使莫名的虚火、实火沉降下来。这个时期肩负的压力增大，应学会调整心态，培养应对能力，做到心中淡定、冷静沉着，维护身心健康。

50岁，多数人眼睛会变花。肝藏血，开窍于目，只有肝气旺盛，肝血充足时，人的视觉功能才能正常发挥。所以，这个阶段要保护肝和胆。

60岁，养生侧重点是培补心气，调理情志，多食养心的食物，维持正常的心脏功能和血压，做到心境安宁，清除杂念和妄想。进入老年，最重要的是自己会照顾自己，学会与疾病共存，相信适合自己的就是最好的。

70岁，人的脾胃虚弱，食饮下降，消化功能减弱，应补养脾胃，多食一些健脾养胃的食物以及补脾气的补品和中药，来增强消化吸收功能，补足人体需要的气血和营养物质。

80岁，大多肺气虚弱，应以培补肺气为主。

90岁，关键就是补肾，不要让肾气漏掉。

100岁，以修身养性为主，保持平和心态，学会自己找乐，精神有所寄托，增强生命的活力。人到百岁以上，最佳的境界就是"善终"。

从人的生理、心理发展过程和社会角色以及现实生活状况来讲，人这一辈子养生，从总体上讲，各阶段的侧重点应该是：儿童阶段在抚育，少年阶段在养育，青年阶段在自律，中年阶段在调节，老年阶段在自立。特别是人到中年，身体进入了由盛转衰的关键期，更应该把调养提上日程。明代名医张景岳说："人于中年左右，当大为修理一番，则再振根基，尚余强半。"

古　语：

上古之人，其知道者，法于阴阳，知于术数，食饮有节，起居有常，不妄劳作，故能形与神俱，而尽终其天年，度百岁乃去。

——〔战国〕《黄帝内经·素问》

二、一年首务在健康

一度春秋虽觉短，岁月留痕已然长。
唯有保健真得当，生命之舟才远航。

　　国人有个好传统，习惯在年初对新一年的工作和生活进行理想的规划，这既反映人的雄心和志向，又带有期盼、祈愿的意味。人随四时而生，生命至高无上。所以，人们对全年颐养生命健康也应该有个总体思考。

　　《黄帝内经·素问》说："夫道者，上知天文，下知地理，中知人事，可以长久。"因此说，注重生命健康的人，思考研究养生的起点需要更高一些，应该懂得天文、地理变化及其与人体机理变化的关系。一年有阴阳寒暑燥湿四时之变化，它成就了万物的生存，但对人的身体健康也是有利有弊。要养护好生命，就应知四时之变化，辨万物之利为我所用。

古人研究自然界的变化，采取天干地支的纪年法，按照"五行"的属性来推测每个年份的气候、自然生态的变化，进而分析对人体生理病理产生的作用并提出应对之策。《黄帝内经·灵枢》专门有一章《岁露论》，讨论一年内天文气象变化对人体生理、病理所产生的影响。书曰："人与天地相参也，与日月相应也。"指出人与天地自然的变化关系密切，日月的变化也会对人体产生影响。还说："此所谓候岁之风，贼伤人者也。"这告诉人们，可以在正月初一这一天，通过观察天气和风向，推测当年虚邪之风伤人的情况。那时，受技术手段的限制，对自然界的认识是有很大局限的，但先哲们对已知的认识贡献出了独到的智慧，至今为人们所尊崇。几千年后的今天，人类对自然界的观察、预警能力已经有了质的变化，但自然界也在不断发生着变化。因此，我们应该立足现实，科学预判，积极应对。

（一）过年图祥瑞，讨个好彩头。最早时期，人们把谷物的一熟算作一年，最有实质意义的是，把四季的一个自然循环作为一年。到了周代，正式以"年"名岁，一年的开头叫"岁首"。而到了西汉太初元年（公元前104年），汉武帝颁布《太初历》，正式确定每年农历正月为岁首，正月初一为元旦。至民国成立后，正式采用阳历，将每年1月1日定为元旦，把农历元旦改为春节。农历年腊月的最末一日称作除夕，民间俗称"大年三十"。

过大年，辞旧迎新，一个核心内容是在营造欢乐祥和的气氛中，祈望新的一年风调雨顺、大吉大利。其中很大的成分是希望全家人平安快乐，身体健康。宋代王安石曾赋诗："爆竹声中一岁除，春风送暖入屠苏。千门万户曈曈日，总把新桃换旧符。"
这里面提到的几件东西，爆竹最初是驱邪的工具，现在主要是为
庆贺而用了。屠苏即屠苏酒，据说元旦早上喝上这种酒，可保一
年不生病。桃符是春联的前身，也是辟邪之用，今天的春联则寓
意祝吉求祥。无论形式怎样变化，人们关于过年祈福祝愿的主旨
没有变。

俗话说：过年顺，顺一年。过年是人生命年轮中最重要的符
号，是一生都在品味的乡愁。除夕夜，一夜连双岁，五更分两
天。家人围坐在一起，团圆守岁，是最幸福的时光，也是永恒不
变的主题。现在过年虽然不像过去讲究那么多了，但也要传承民
俗，注重生活细节，讲求温馨和顺，享受喜悦欢乐。把烦恼和不
愉快抛给过去，把吉祥与希望藏在心里，不带着不良情绪过年，
不挑礼，不攀比，不怄气，不吵架，不乱语，人人参与，张灯结
彩，添衣美食，敬老慈幼，友善邻里，真心营造欢乐吉祥气氛。
忙年的过程还应谨慎小心，防止丢失财物、碰碎器物、身体磕碰
等意外发生，凡事都要求个平顺。节日期间，欢乐莫忘健康，合
理安排作息时间，适当做户外运动，不要搞得太累，避免暴饮暴
食、通宵熬夜，注意预防"上火"感冒、腹泻、心脑血管疾病、
脾胃失调等病症。探亲访友注意交通安全，防止因侥幸、麻痹大
意酿成事故。这一切，都是为了让一个好心情陪伴新的一年。

古语说，畅志养神。一元复始，万象更新。人们要以一种新
的精神面貌去迎接新的生活。《黄帝内经·素问》开篇就讲道：
"故能形与神俱，而尽终其天年，度百岁乃去。"指的就是人的

形体和精神都很旺盛，又相互协调统一，就能够活到自然寿命的期限。所以，人的精神状态对健康具有引领性的重要作用。面对新的一年，人们应该满怀豪情，充满希望，不仅学习、工作、生活应该如此，对管控情志和身体也要有足够心气，做到有目标、有信心、有毅力、有作为，让身心在健康的大路上阔步向前。还应对身体养护情况有所总结和规划，固强补弱，对新年度养生作大体计划，根据工作、学习、家庭生活等情况，对旅游、休假、疗养、康复、慢病治疗等进行适当安排，做到张弛有度，让生活井然有序。

（二）四季贯通，相辅相成。一年有四季，四季紧相连，有春生才有夏长，有夏长才有秋收，有秋收才有冬藏，而下一年的循环又从冬藏后的春生开始。人的身体机理与四时之变化规律是完全一致的。"春夏养阳，秋冬养阴"，一年之内，春防风又防寒，夏防暑热又防感寒，长夏（古时指农历六月，即阳历七月初至八月初）防湿，秋防燥，冬防寒又防风。《黄帝内经·素问》还说，春天养肝不当，夏天容易寒性病变；夏天养心不当，秋天容易患疟疾；秋天养肺不当，冬天精气就少。要按照大自然的节律来调养身心，追求四季养生相辅相成的良性循环效果。

（三）谨守平安底线，保护生命健康。一年之中，最紧要的是确保平安。上天有好生之德，珍惜生命是人的本能和大自然给予的属性。在《道德经》第五十章中，专门论述了养生之道。老子在分析了有些人寿命短促的原因之后，接着说了这样一段话：

"盖闻善摄生者，陆行不遇兕虎，入军不被甲兵……夫何故？以其无死地。"意思是说，善于保护生命的人，在陆地上行走，不用躲避犀牛和老虎，到军中参战，不用躲避刀枪剑戟，也不会受到杀伤，这是因为他身上没有致命的部位。这就叫作"无懈可击"。老子运用比喻的方式，是在劝说人们应少私寡欲，趋利避害，以清静质朴、纯任自然的方式生活，如此才能够保证自己的生命长寿。简单地说，就是不违法纪，不损道德，不害良俗，不惹是非，远离祸端，自有吉祥。

老子在《道德经》第六十四章中又说："合抱之木，生于毫末；九层之台，起于累土；千里之行，始于足下。"这告诉人们，万物起于忽微，量变引起质变，凡事要从一点一滴的细节抓起，防微杜渐。合理计划，可以有效减少忙乱。在有考学、建房、办厂等的大事之年，要特别注意把握节奏，劳逸结合，防止过度劳累，甚至患上慢性疾病。在一年的养生过程中，需要对可能面临的风险有所预判，并注意及时有效化解，要力争做到：不被矛盾纠纷拖累，不感染大的疾患，不因疏忽受意外伤害，不耽误对慢性病、重病的诊治，不轻视对重大自然灾害的防范，不被家庭大的变故伤及太深。通过自己和家人用心呵护生命健康安全，确保一年平顺如意。

古　语：

故智者之养生也，必顺四时而适寒暑，和喜怒而安居处，节阴阳而调刚柔，如是则僻邪不至，长生久视。

——〔战国〕《黄帝内经·灵枢》

三、四季有别适寒暑

《黄帝内经·素问》说："故阴阳四时者，万物之终始也，死生之本也。逆之则灾害生，从之则苛疾不起。是谓得道。道者，圣人行之，愚者背之。"一年之中有四季，四季变化是万物生长、衰老、死亡的根本。我们都应做贤达之人，掌握四时变化与人的生命机理相变化之间的内在规律，自觉顺应而不违背这个规律，养成顺应四时的生活习惯。

（一）春应阳生

春为阳生，万物发萌。

护肝首要，沐浴和风。

春风春花阳春暖，生根生气尽生机。在生命的起始点上，人们应该满怀希望向未来。在饮食上，宜减酸益甘，滋养脾气，以免肝气过剩脾气过虚。不可多食，防伤脾胃。在起居上，宜早睡早起，通风见日，缓解"春困"。在着装上，天气乍暖还寒，莫忘"春捂"，不宜顿减衣物。在精神调养上，春日融和，宜亲近自然，敞开胸怀，以畅生气。

春季是肝气养护的时节。养生以养护肝脏为主。肝脏被称为

"将军之官"，为人的谋虑提供动能。肝主藏血，开窍于目。肝血不足，则烦躁易怒，重则肝脏出现病症。

《黄帝内经·素问》说："春三月，此谓发陈。天地俱生，万物以荣。早卧早起，广步于庭。被发缓形，以使志生。生而勿杀，予而勿夺，赏而勿罚。此春气之应，养生之道也。逆之则伤肝，夏为寒变。奉长者少。"

春季三个月，是推陈出新、万物复苏的时节，天地之间生机勃发、欣欣向荣。此时节，人们应该晚睡早起，在庭院里散步，披散头发，松解衣带，舒缓形体，以使神志顺应春生之气而舒畅条达。

古　语：

　　春季养生五宜：

　　身体宜暖，腿脚宜动，饮食宜甘，机体宜补，旧病宜防。

（二）夏顺阳长

　　　夏为阳长，暑湿登场。
　　　护心为主，气机宣扬。

夏日夏雨盛夏炎，长华长实旺长势。在火气旺盛的夏季，人们应该安养心神。饮食宜减苦增辛、清淡为主，滋养肺气，以免火过盛而肺气过虚。三伏内腹中常冷，忌泄阴气，宜发汗。夏季心旺肾衰，虽大热，不宜生冷饱腹。防贼风中邪，宜自然纳凉，更宜调息净心，追求心静自然凉，不可以热为热，造成火不能外散，伤了人体的心性。

夏季是心气发旺的季节。心脏被称为"君主之官"，在五脏六腑当中居统摄地位，是十二官之主。心主血脉和神明。心气不足，可能导致血脉和精神两个层次出现问题。

《黄帝内经·素问》说："夏三月，此谓蕃秀。天地气交，万物华实。夜卧早起，无厌于日。使志无怒，使华英成秀。使气得泄，若所爱在外。此夏气之应，养长之道也。逆之则伤心，秋为痎疟。奉收者少。"

夏季三个月，是草木繁茂的季节，植物开花结果。此时节人们应该晚睡早起，适应夏天的阳光，让精神充实饱满，并使气机宣扬，通泄自如，对外界事物有浓厚兴趣。这都是适应夏季的气候，保养长养之气的方法。

古　语：

　　夏季养生五清：

　　清心、清食、清居、清乐、清饮。

（三）秋适阴收

　　　　　　　秋为阴收，金冠九州。

　　　　　　　养肺当时，宁志以酬。

秋月秋水金秋爽，收实收虚攒收成。当秋时节，人们应该收敛神气。饮食之味，宜减辛增酸，养阴防燥，滋养肝气。适当"秋冻"增强身体耐寒能力，让神气内藏，肺气清爽，情志畅达，克服秋燥和秋悲。

秋季是肺气收敛的季节。肺脏被称为"相傅之官"，肺主一身之气，肺气来源于脾胃。肺气不足，就会出现呼吸系统方面的疾病。

《黄帝内经·素问》说："秋三月，此谓容平。天气以急，地气以明。早卧早起，与鸡俱兴。使志安宁，以缓秋刑。收敛神气，使秋气平。无外其志，使肺气清。此秋气之应，养收之道也。逆之则伤肺，冬为飧泄。奉藏者少。"

秋天三个月，是万物成实的季节。此时天高气爽，西风渐起，地气清肃明朗。人们应该早睡早起，精神内守，不急不躁，使秋天肃杀之气得以平和，意志不外越，从而使肺气清平。

古　语：

　　秋季养生六防：

　　防胸痛、防秋燥、防忧郁、

　　防感冒、防腹泻、防脱发。

（四）冬合阴藏

　　　冬为阴藏，冰雪封疆。

　　　护肾为本，就温守阳。

冬雪冬凌严冬寒，藏阴藏阳偕藏寿。寒冬时节，人们应该保守元气。在饮食上，宜减咸增苦，以养心气，固肾气，可以吃一些有滋补功效的食物。宜居处密室，温暖衣食，适其寒温，身体宜收敛大于外泄，多守闭藏之道，暖足动脚，促进血液循环，不可冒触寒风。宜早卧晚起，延长"冬眠"时间，不可早出，以犯霜威。

冬季是肾气收藏的季节。肾脏被称为"作强之官"，是护心的大力士。肾主藏精，肾虚则体乏，肾气不足，可能出现肾脏方面的疾患。

《黄帝内经·素问》说："冬三月，此谓闭藏。水冰地坼，无扰乎阳。早卧晚起，必待日光。使志若伏若匿，若有私意。若已有得，去寒就温。无泄皮肤，使气亟夺。此冬气之应，养藏之道也。逆之则伤肾，春为痿厥。奉生者少。"

冬季三个月，是万物潜伏的季节。此时天寒地冻，人们要避寒就暖，但不要因过热而致皮肤出汗，以致阳气频繁耗伤。

古　语：

冬季养生八宜：

一宜少出汗，二宜健双脚，

三宜防疾病，四宜调精神，

五宜水量足，六宜空气好，

七宜调粥养，八宜入睡早。

四、渐而知变应节气

汉代开始实行的《太初历》是当时世界上最先进的历法，正式把二十四节气定于历法，明确二十四节气的天文位置。古人又将每个节气以植物候应、动物候应、非生物候应的次序，划分为三个候，这样一年中七十二候的依次变化，就反映了一年中气候变化的一般情况。到了现在，随着自然界的变化，七十二候中有些物候现象已不常见也不甚准确了，但对于掌握我国华北地区乃至更大范围的气候状况仍具有标志性的参考价值。

"二十四节气"于2016年11月正式列入联合国教科文组织"人类非物质文化遗产名录"。在国际气象界，"二十四节气"被誉为"中国的第五大发明"。

我国幅员辽阔，各地气候和生活习俗差异很大，特别是进入气象意义的季节时间也有不同，但节气仍具有指导性意义，而且在长期的生产生活实践中，我国各族、各地的人们对于节气的认知已经具有"约定俗成"的意味，对于它的准确应验可以说是到了令人折服的境界。它已经成为中华民族共同的文化符号，为广大人民群众所共享。现今，十分有必要加以强调和宣释。

（一）立春养生

乍暖还寒慎减衣，应顺天时护肝期。
强固机体免疫力，一年健康筑根基。

在立春节气里，春日归来万物苏，大地阳和暖气生。然而，冬天的寒冷仍在持续，它需要较长时间慢慢消融。民间有"打春别缓气，还有四十天冷天气"的说法。此时，白昼渐长，气温回暖，人体血液代谢旺盛。又逢农历春节期间，人们精神昂扬，饮食丰足，活动频繁，更要注意保养身体。

春季以养肝为主，应早睡早起，逐渐增加户外运动时间，以利气血运行。忌暴怒、忧郁，宜心胸开阔，心境愉悦。要当心"倒春寒"，宜"多捂"，少减衣物，防感冒发热。"打春冻人不冻水"，阳气郁积易上火，因此要养阳助生发。饮食上多吃辛温、甘润食物，不宜多吃酸收之味。

立春物语：时春气始至，四时之卒始，故名立春。

立春是二十四节气中的第一个节气，也是春季的开始。大致于每年公历2月4日前后，太阳移至黄经315°时到来。

立春三候：一候东风解冻，二候蛰虫始振，三候鱼陟负冰。一年之初，东风送暖，大地开始解冻。五日后，蛰居的虫类慢慢地在洞中苏醒；再过五日，河里的冰开始融化，鱼开始到水面上游动，碎冰片就像被鱼背着一样在水面上浮动了。

古　语：

　　树枯根先竭，人老脚先衰。

　　养树须护根，养人须护脚。

——〔东汉〕华佗《足人道》

（二）雨水养生

　　乍暖乍寒湿邪扰，滋养脾胃为主导。

　　传染疾病须谨防，饮食五味不偏少。

　　雨水时节，乍寒乍暖，湿气如期而至，天气变化多端。虽然初春阳气渐升，天气渐暖，但由于人体皮肤腠理已变得相对疏松，对寒风之邪的抵抗力会有所减弱，因而易感邪而致病，而且人的情绪也会随着无常的天气而波动，对高血压、心脏病、哮喘患者更不利，此时致病的细菌、病毒易传播，传染病易暴发流行。因此，要加强锻炼，保持情绪稳定，增强抵抗力，注意预防传染病。

　　此时，肝脏之气活动比较旺盛，要注意保护肝脏，调养脾胃。宜食健脾利湿之物，清淡为主，营养均衡，不宜过饱。脾胃健旺，是健康长寿之基。

　　雨水物语：时东风解冻，冰雪皆散而为水，化而为雨，故名雨水。

　　雨水是二十四节气中的第二个节气，每年公历的2月18日或19

日，太阳移至黄经330°时开始。

雨水三候：一候獭祭鱼，二候鸿雁北，三候草木萌动。进入雨水，水獭开始捕鱼了；五天过后，大雁开始从南方飞向北方；再过五天，草木随地中阳气上溢而开始抽出嫩芽来。

古　语：

寒欲渐着，热欲渐脱。腰腹下至足胫，欲得常温；

背上至头，欲得稍凉。凉不至冻，温不至燥。

——〔宋〕蒲虔贯《保生要录》

（三）惊蛰养生

春雷一声惊蛰物，人体腠理亦松疏。

内外兼顾御寒邪，清温平淡忌忧怒。

已进入仲春，天气转暖，渐有雷声，冬眠的动物开始苏醒，但我国北方地区尚处于冬末时节。身体阳气往外升发，常有"春困"的现象，人体比较虚。

惊蛰重在养肝健脾。饮食要多食富含植物蛋白、维生素类的清淡之物，少食油腻、辛辣之味。省酸增甘，顺肝之性，助益脾气。要晚睡早起，保证好睡眠，加强锻炼，保证室内清爽干燥，防寒保暖。

惊蛰物语：雷鸣动，蛰虫皆震起而出，故名惊蛰。

惊蛰是二十四节气中的第三个节气，每年公历的3月6日前后，太阳移至黄经345°时开始。

惊蛰三候：一候桃始华，二候仓庚鸣，三候鹰化为鸠。到了惊蛰，气温逐渐回升，桃花开始绽放；五天过后，黄鹂最早感知春阳之气，开始欢叫；再过五天，布谷鸟就明显多了起来。

古　语：

运体以却病，体活则病离。

——〔明〕高濂《遵生八笺》

（四）春分养生

最富生机唯仲春，阴阳交合万物遵。

平衡肌理尤当要，亏补余泄泾渭分。

此时，阳光直射赤道，昼夜平分，后逐渐北移，北半球昼长夜短。这个时节，我国北方还处在冬去春来的过渡阶段，晴日多风，乍暖还寒，气温忽高忽低，昼夜温差大。

春分时节，应注意保持人体的阴阳平衡状态。《黄帝内经·素问》讲："治在风府，调其阴阳。不足则补，有余则泄。"要从精神、饮食、起居等方面的调摄上，使人体脏腑、气血、精气与脑力、体力，保持"供销"关系的平衡。饮食上本着维持机体平衡的原则，忌大热大寒之物。保持心平气和、安养神气，忌大喜大悲，情绪波动。注意适时添减衣物，可多晒太阳，以利驱散寒邪。

此时百草发芽、百病发作。要注意防故疾复发，防腿病高发，防大气污染。

春分物语：古时又称"日中""日夜分""仲春之月"。正当春季三个月之中，平分了春季，故称春分。

春分是二十四个节气中的第四个节气，每年公历的3月20日或21日，太阳到达黄经0°时开始。

春分三候：一候玄鸟至，二候雷乃发声，三候始电。春分日后，燕子从南方飞来了；五天过后，下雨天便有雷声轰鸣；再过五天，雨天打雷便伴随着闪电。

古　语：

善养生者养内，不善养生者养外。

——〔明〕龚廷贤《寿世保元》

（五）清明养生

清风细雨阳气旺，正是踏青好时光。

调和阴阳正气扶，节制性情生机畅。

清明过后，吹来的风温暖又清新，常伴霏霏细雨，草木始发新枝芽，但冷暖空气冲突激烈，北方天气多变，江南地区"乍暖还寒晴复雨"。

从养生上讲，清明是尤为重要的时节。医学讲"春气诸病在头"，高血压多发。要采用综合调养的方法，扶助正气。饮食宜减甘增辛，少吃发物，可多吃些润肝养肺的食物。

此时，宜远足踏青，亲近自然，驱散积郁寒气和抑郁心情，使人体肌肤腠理舒展，五脏六腑因内外清气而濡润。应有意识地调整作息，早点起床，进行户外活动，怡养性情。"二月乱穿衣"说的就是清明前后，应根据天气多变、早晚温差大的特点，调整着装。

清明物语：时万物皆洁齐而清明，盖时当气清景明，万物皆显，因此得名。

清明是二十四节气中的第五个节气，每年公历的4月5日前后，太阳移至黄经15°时开始。

清明三候：一候桐始华，二候田鼠化为鹌，三候虹始见。清明时节，先是白桐花开放；过五天，因太阳渐盛喜阴的田鼠回到地下洞中；再过五天，天空可以看见彩虹了。

古　语：

清明养生"六不"：

不静——要舒缓运动；

不湿——要通风透气；

不冻——春捂"下厚上薄"；

不酸——忌食"发物"；

不怒——心胸开阔；

不忘——节制性情。

（六）谷雨养生

通风保暖晒太阳，运动怡情体魄强。

花粉过敏须回避，神经隐痛早预防。

处在暮春时节，春将尽，夏将至，南方冷空气入侵减少，但北方冷空气常有"光顾"，锋面气旋活跃，大风、沙尘天气仍比较常见。

此时，人体水分容易流失，抵抗力减弱，易感冒发热，诱发头痛、气管炎等慢性病。要注意通风、保暖、晒太阳，适当运动。多喝水，以补充身体代谢失去的水分，洗涤肠胃，预防心脑血管疾病。注意疏肝行气，活血通络，防神经性疾病。

此时，杨花柳絮等花粉纷飞，是春季主要过敏源。不宜吃刺激性食品，减少高蛋白质、高热量食物的摄入，避开过敏原，预防鼻炎和皮肤过敏等病症。

谷雨过后，肝脏气伏，宜适当进食补血益气的食物，多吃养肝清肝、滋养明目的食物，以去"春火"，还可吃一些祛湿之物。

谷雨物语：三月中，言雨生百谷、清净明洁也。

谷雨是二十四节气中的第六个节气，每年公历的4月20日前后，太阳移至黄经30°时开始。

谷雨三候：一候萍始生，二候鸣鸠拂其羽，三候戴胜降于桑。谷雨一到，水面上的浮萍开始生长；过五日，布谷鸟开始提醒人们播种；再过五日，戴胜鸟开始飞临桑树枝头。

古　语：

谷雨养生六防：

防过敏、防感冒、防"湿邪"伤身、防"邪热化火"、防神经痛、防空气污染。

（七）立夏养生

人心犹如天之日，主宰生机与神志。

夏阳尤旺易损耗，守静调息自秉持。

开始进入夏天，气温明显升高，炎暑将临，雷雨增多，植物繁盛。此时，人们应更多亲近自然，情宜开怀，安闲自乐，切忌暴喜伤心。

心通于夏气。心为阳脏而主阳气，不但维持本身的生理功能，还对全身有温养作用。因此，要特别注意对心脏的养护。老年人要"戒躁戒怒"，保持心境的平衡，避免气血瘀滞，防心脏病发作。

饮食应增酸减苦，补肾助肝，宜清淡、多补水，多吃易消化、富含维生素的食物，忌油腻、上火之味，防痤疮、口腔溃疡、便秘等病症。可以晚睡早起，增加午睡。

立夏物语：万物至此皆长大，故名立夏。

立夏是二十四节气中的第七个节气，每年公历5月5日前后，太阳移至黄经45°时开始。

立夏三候：一候蝼蝈鸣，二候蚯蚓出，三候王瓜生。立夏来了，青蛙等动物开始在河塘边鸣叫觅食；过五日，蚯蚓忙着翻松泥土，爬出地面呼吸新鲜空气；再过五日，王瓜（华北药用爬藤植物）快速攀爬生长。

古　语：

> 夏脏宜凉，冬脏宜温；
>
> 背阴肢末，虽夏宜温；
>
> 胸包心火，虽冬难热。
>
> ——〔南齐〕褚澄《褚氏遗书》

（八）小满养生

> 渐入湿热期，身痒瘾疹袭。
>
> 疏风兼清泻，益胃又健脾。

小满过后，天气逐渐炎热起来，雨水增多，预示着闷热、潮湿的夏季即将来临。养生重在祛湿热、健脾胃。应多吃具有清热、养阴、祛湿、暖胃功效的食物，禁忌辛辣生冷刺激性食物和高热的油腻食物。此时还是皮肤病高发期，"邪气中经，则身痒而瘾疹"。应以疏风祛湿、清泻血热为原则加以克服。中医讲，"气随汗脱"，气就是阳，夏天汗液排出快，一不小心可能会生病。忌热避凉，及时补给，多加注意。

小满物语：四月中，小满者，物致于此小得盈满。

小满是二十四节气中第八个节气，每年公历5月21日前后，太阳移到黄经60°时开始。

小满三候：一候苦菜秀，二候靡草死，三候麦秋至。到了小满时节，野菜枝繁叶茂；过五日，喜阴的一些枝条细软的草类在阳光的照射下开始枯死；再过五日，小麦开始成熟。

古 语：

> 百味未成熟勿食，五味太多勿食，
> 腐败闭气之物勿食，此皆宜戒也。

——《天隐子》

（九）芒种养生

> 顺应阳气精神抖，饮食清淡新时蔬。
> 四野郊外走一走，气机通泄得自如。

随着气温的升高，空气中湿度增加，人们常常感到四肢困倦，萎靡不振，季节性和传染性疾病易发。人们此时应当晒晒太阳，以顺应阳气的充盛，利于气血运行。注意增强体质，适当出汗，渲通肺胃之气，慢慢滋养肾气，保持精神愉悦，使气机通泄自如。吃苦饮酸，益气生津，清热燥湿，勿贪凉饮冷。

芒种物语：此时可种有芒之谷，过此即失效，故名芒种也。

芒种是二十四节气中的第九个节气，每年公历6月6日前后，太阳移至黄经75°时开始。

芒种三候：一候螳螂生，二候䴗始鸣，三候反舌无声。芒种到了，小螳螂破壳而生；过五日，喜阴的伯劳鸟开始在枝头鸣叫；再过五日，反舌鸟因感应到阴气而停止鸣叫。

古　语：

精、气、神，养生家谓之三宝。

——〔明〕汪绮石《理虚元鉴》

（十）夏至养生

夏至阳气至盛旺，外热内寒宜所防。

饮食起居皆清爽，心静以求自然凉。

夏至日，太阳直射北回归线，是一年中北半球白昼最长的一天。夏时心火当令，心火过旺则有克肺金之说。嵇康《养生论》认为：夏季炎热，"更宜调息静心，常如冰雪在心，炎热亦于吾心少减，不可以热为热，更生热矣"。根据五行（夏为火）、五成（夏为长）、五脏（属心）、五味（宜苦）的相互关系，味苦之物亦能助心气而制肺气。中医认为，夏季宜多吃酸味以固表，多吃咸味以补心。夏日炎热，腠理开泄，易受风寒湿气侵袭，宜晚睡早起，保证午休，温水沐浴，适当休闲，不宜剧烈运动。

俗话说：冬至养生，夏至治病。一个安内，一个攘外。热极而寒生，寒生百病重。这个时节注意避暑、避湿、避寒，养护好身体十分重要。

夏至物语：万物于此皆假大而至极，时夏将至，故名也。

夏至是二十四节气中的第十个节气，每年公历6月21日前后，太阳移至黄经90°时开始。

夏至三候：一候鹿角解，二候蜩始鸣，三候半夏生。夏至日阴气生而阳气始衰，阳性的鹿角开始脱落；过五日，雄性知了因感阴气而鸣叫；再过五日，半夏（一种喜阴的草药）开始出现。

古　语：

冬不欲极温，夏不欲极凉。

——〔明〕郑瑄《昨非庵日纂·颐真》

（十一）小暑养生

闷热潮湿常嗜睡，有意提神克疲惫。
食忌过热与过寒，顾护心阳保脾胃。

盛夏时节，天气闷热，进入伏旱期。俗话说，"小暑大暑，上蒸下煮"，人易感倦怠疲劳，心烦不安。高温时，钾元素随人体汗液大量排出，人体元气消耗较多，气阴虚者易困乏，出现"夏打盹"现象。

此时，宜顾护心阳，平心静气，确保心脏功能旺盛，要谨防暑湿至水肿。此时，宜多吃具有祛湿益气、生津止渴、含钾的食物，多吃苦味酸味，忌过寒过热、暴饮暴食，注意饮食卫生。暑期的炎热是人体细胞生长更替的必要条件。要远离生冷寒凉，适当运动，把汗出透，排出湿气，避免秋冬寒凉。还要注意防晒，经常洗澡，但不要在出汗后立即洗澡，因为"汗出见湿，乃生痤疮"。勤换衣物，保证充足睡眠，恢复体力精力。

小暑物语：斯时天气已热，尚未达于极点，故名也。

小暑是二十四节气中的第十一个节气，每年公历7月7日前后，太阳移至黄经105°时开始。

小暑三候：一候温风至，二候蟋蟀居壁，三候鹰始挚。小暑日后，温热的风拂面；过五日，蟋蟀离开了田野，到庭院的墙脚下以避暑热；再过五日，幼鹰由老鹰带领，开始学习飞行搏杀猎食的本领。

古　语：

盛热能着单热衣卧热帐，或腰腹膝胫已下覆被，极宜人。

——〔宋〕蒲虔贯《保生要录·论衣服门》

（十二）大暑养生

高热又逢连雨天，暑湿缠身真焦烦。
歇伏解暑多措举，自然纳凉最安全。

大暑正值"中伏"前后，是一年中最热的时期。酷暑阴雨，人体功能耗损加重，暑湿之气容易乘虚而入，心气易于亏耗，甚至导致疰夏、中暑。一部分人因过于使用空调降温而多发"空调病"。

要注意劳逸结合，避免烈日暴晒、潮湿，随时补充水分，食膳清热解暑，室内适当降温，提倡自然纳凉，传统方法降温，保证充足睡眠休息，减少劳作时间。

此时也是针对阳虚证实施冬病夏治的最佳时机。患有支气管炎、哮喘、风湿与类风湿关节炎、脾胃虚寒类疾病的人群，应利用夏季治根，达到标本兼治、预防保健的效果。

大暑物语：斯时天气甚烈于小暑，故名曰大暑。

大暑是二十四节气中的第十二个节气，即夏季的最后一个节气，每年公历7月23日前后，太阳移至黄经120°时开始。

大暑三候：一候腐草为萤，二候土润溽暑，三候大雨时行。进入炎热时节，荧烛孵化出壳，夜晚荧光点点；过五日，降雨多、土地湿热，农作物疯长；再过五日，大雨连续不断地到来。

古　语：

　　无劳尔形，无摇尔精，

　　归心静默，可以长生。

　　　　　　　　——〔北宋〕张君房《云笈七签》

（十三）立秋养生

秋来伏未去，暑热仍作对。

须防秋老虎，更将湿邪退。

立秋是一个重要的节气，进入了一年中由热转凉的过渡期。此时处于三伏天的中伏，民间有"秋后一伏，热死老牛"的说法。我国南方还是夏暑之时，天气酷热，因而立秋至秋分前这段时间古时称为"长夏"。北方地区早晚渐有凉意，但气温仍较高，秋花粉过敏引发过敏性鼻炎等症状加重。还宜继续采取避暑降温、饮食调养、平心静气等多种方法，来清热祛湿，养护脾胃。

一段时间后，秋风送爽，人体进入比较舒服自在、情志舒畅昂扬的状态。人们宜珍惜美好时光和美丽景色，进行郊游、登山、采摘、野餐等活动，以抒发心志。忌暴饮暴食，宜早睡早起，适度增加运动。

另外，民间还有将立秋分为"公秋"与"母秋"的说法。具体是这样的：立秋时刻，在白天的为阳，是"公秋"，在晚上的为阴，是"母秋"；立秋之日（指的是农历），在单日为阳，是"公秋"，在双日为阴，是"母秋"。古人还说："公秋扇子丢，母秋热死牛。"从观察和资料查询的情况看，此说法还是比较准确的，也可以此为参照，来预防暑热天气。

自然自得

032

立秋物语：阴意出地始杀万物，按秋训示，谷熟也。

立秋是二十四节气中的第十三个节气，是秋季的首个节气，每年公历8月8日前后，太阳移至黄经135°时开始。

立秋三候：一候凉风至，二候白露降，三候寒蝉鸣。一进立秋，凉爽的风渐渐吹起；过五日，大地上早晨有雾气产生，露水会降下来；再过五日，感阴而鸣的寒蝉开始嘶叫。

古 语：

甘其食，美其服，安其居，乐其俗。

——〔春秋〕老子《道德经》

（十四）处暑养生

早卧早起与鸡兴，冷而不寒要适应。

畅快心情勤劳作，营卫之气顺畅行。

处暑节气正是由热转凉的交替时期，夏天的暑气开始逐渐消退，但天气还未真正变凉，此时晴天下午的炎热不亚于暑夏之季，正是俗话说的"秋老虎，毒如虎"。

处暑时节在饮食上宜多吃滋阴润燥的食物，宜"早卧早起，与鸡俱兴"。在着装上不要天一冷就马上穿得很厚，初秋"冷"而不"寒"，皮肉可以忍耐，"秋冻"可使气血入里，保存热量，对以后御寒也有好处。要多亲近自然，畅快心情，勤于劳作，满怀希望来迎接丰收的果实。

处暑物语：暑将退，伏而潜处，故曰处暑。

处暑是二十四节气中的第十四个节气，每年公历8月23日前后，太阳移至黄经150°时开始。

处暑三候：一候鹰乃祭鸟，二候天地始肃，三候禾乃登。处暑时节，鹰自此日起感知秋之肃气，开始大量捕猎鸟类，并且先陈列如祭而后食之；过五日，天地间万物凋零，充满肃杀之气；再过五日，农作物成熟。

古　语：

春夏宜早起，秋冬任晏眠。

晏忌日出后，早忌鸡鸣前。

——〔明〕胡文焕《类修要诀·养生要诀》

（十五）白露养生

搓耳泡脚又揉腰，辛辣海鲜应少捞。

养肺益气须滋阴，祛燥防寒要做到。

白露过后气温下降，"白露秋分夜，一夜冷一夜"，昼热夜凉，温差大，秋风劲急，天气干燥。人们可适当进补营养，慎重调节饮食，少吃刺激性食物，多吃富含维生素的食物，保证机体营养，使五脏功能旺盛，气血充实。还应以清淡易消化食物和滋阴益气的中药来预防过敏引发的疾病，防耗人津液、口干、肤裂。俗话说"白露身不露，寒露脚不露"，要适当增加衣物，以防着凉。

白露物语：阴气渐重，凝而为露，故名白露。

白露是二十四节气中的第十五个节气，每年公历9月8日前后，从太阳移至黄经165°时开始。

白露三候：一候鸿雁来，二候玄鸟归，三候群鸟养羞。白露时节，鸿雁自北而南飞去避寒；过五日，燕子向南飞去；再过五日，百鸟开始贮存干果粮食以备过冬。

古　语：

　　体欲常劳，食欲常少。

　　劳勿过极，少勿过虚。

——〔晋〕葛洪《养性延命录·教诫篇》

（十六）秋分养生

　　丰收节里迎金凤，恰是阴阳寒暑平。
　　谨遵平衡养生道，赢得一年好收成。

秋分这一天，太阳直射地球赤道，昼夜均分而寒暑平衡，随后，北半球开始昼短夜长，随着一次次降水，气温一次次下降，到了"一场秋雨一场寒"的时候。这个季节，要培养乐观情绪，保持神志安宁，适应秋天容平之气。在饮食调养上，应遵循"虚则补之，实则泻之"的原则，维持营养充足和均衡，不能盲目进补。及时增减衣物：早晚穿得多一些，以免着凉感冒；中午穿得少一些，以免上火。

秋分物语：秋分者，阴阳相半也，故昼夜均而寒暑平。

秋分是二十四节气中的第十六个节气，每年公历9月23日前后，太阳移至黄经180°时开始。

秋分三候：一候雷始收声，二候蛰虫坏户，三候水始涸。秋分过后，阴气开始旺盛，不再打雷；过五日，蛰居的小虫藏入穴中，并且用细土将洞口封起来以防寒气侵入；再过五日，降雨量减少。

古　语：

多食则气滞，多睡则神昏。

——〔清〕梁章钜《归田琐记》卷七

（十七）寒露养生

阳气渐衰阴气生，衣食重防贼邪风。

重阳登高解秋郁，滋补肝肾养阴精。

寒露开始，气温由热转寒，万物随寒气增长逐渐萧落。花谢暗香尽，秋露渐成霜。由于气温下降，昼夜温差增大，此时要预防感冒。在饮食上，宜减苦增咸，多吃补肝肾、益精血的食物，无恣醉饱。在着装上，勿冒风霜，适当增衣，防寒从足下生，常用热水泡脚暖足。在运动上，珍惜一年中大自然留给我们的最后的美好景色，多进行户外有氧运动。在精神调养上，风起叶落，凄凉之感顿生。要宣泄积郁之情，预防忧郁感伤。

寒露物语：斯时露寒而冷，将欲凝结，故名寒露。

寒露是二十四节气中的第十七个节气，每年公历10月8日前后，太阳移至黄经195°时开始。

寒露三候：一候鸿雁来宾，二候雀入大水为蛤，三候菊有黄华。寒露到了，大雁排成"一"字或"人"字形的队列大举南迁；过五日，深秋天寒，雀鸟统统不见（古人看见海水中蛤蜊条纹及颜色与雀鸟相似，便以为是雀鸟变成的）；再过五日，菊花普遍开放。

古　语：

衣不焯热，焯热则理塞，理塞则气不达。

——〔战国〕《吕氏春秋·孟春纪·重己》

（十八）霜降养生

霜降一来变了天，正是进补好时间。

脾胃肺肾多滋养，五大部位保安全。

（注：预防寒气须谨慎照料人身体的五大部位：脚部、肩部、腹部、脖子、膝关节）

霜降是秋天的最后一个节气，气肃而凝，露结为霜，其气凛冽，其意萧条。俗话说，"寒露不算冷，霜降变了天"。此时已处深秋，天气渐冷，初霜出现。这时至立冬往往是一年中气温下降最快、变化较多、昼夜温差大的时段。特别是进入10月下旬，我国北方大部分地区没有供暖，室内阴寒，而南方潮湿阴冷，是一年中比较难熬的时段。人们要在衣食住行上，全面做好过冬准备。

霜降进补尤为重要，谚语说"一年补透透，不如补霜降"。着眼于人自身与自然界保持相对平衡，机体保持生理功能平衡，以平补为原则，注重调养脾胃，固肾补肺，止咳平喘，多吃性温热而不偏燥的食物，宜食用微辣的调味食材，改善食欲，增加热量。

寒冷生百病，要讲究驱寒保暖，"秋冻"已不再适合，着装上应护膝暖足，及时增减衣物，夜晚适当添加被子。还应加强锻炼，适应气候变化，增强体质。

霜降物语：气肃，露凝结为霜而下降，故名霜降。

霜降是二十四节气中的第十八个节气，每年公历10月23日前后，太阳移至黄经210°时开始。

霜降三候：一候豺乃祭兽，二候草木黄落，三候蜇虫咸俯。霜降来临，豺狼开始捕杀猎物，并以先猎之物祭兽，以兽祭天报本；过五日，草木枯黄败序；再过五日，虫子在洞中不动不食，垂下头进入冬眠状态。

古　语：

形不足者，温之以气；

精不足者，补之以味。

——〔战国〕《黄帝内经·素问》

（十九）立冬养生

冬季进补，来年打虎。

滋养肾脏，勿伤筋骨。

立冬时节，阳气潜藏，阴气盛极，草木凋零，蛰虫伏藏，万物活动趋向休止。在饮食上，宜"食黍以热性治其寒"，北方以温补为主，长江以南地区以平补为主。在精神调养上，力求其静，保持情绪安宁，含而不露。在起居上，注意养藏，早睡晚起，日出而作。在衣着上，不要过于单薄，易引起感冒、消耗阳气；也不要过于厚实，易致阳气不得藏，寒邪得侵入。俗话说，"冬天动一动，少闹一场病；冬天懒一懒，多喝药一碗"。立冬后坚持体育锻炼可使大脑保持兴奋状态，增强中枢神经体温调节功能，还能提高抗寒能力。但不宜剧烈运动，要充分热身，适时调整呼吸，减少冷空气刺激。

立冬物语：冬者终也，立冬之时，万物终成，故名立冬。

立冬是二十四节气中的第十九个节气，即冬季首个节气，每年公历11月7日前后，太阳移至黄经225°时开始。

立冬三候：一候水始冰，二候地始冻，三候雉入大水为蜃。立冬时节，水开始结冰；过五日，大地封冻；再过五日，野鸡一类的大鸟不多见，大蛤出现在海边（古人认为雉在立冬后变成了大蛤）。

古　语：

> 元气实，不思食；元神会，不思睡；
>
> 元精足，不思欲；三元全，陆地仙。
>
> ——〔明〕胡文焕《养心要语》

（二十）小雪养生

> 小雪闭寒已封地，虚邪之风该回避。
>
> 保养肾气暖情绪，头凉脚温要牢记。

　　小雪节气，是寒潮和强冷空气活动频数较多的时期，常伴有入冬第一场雪，气温持续走低，天气寒冷，且时常阴冷晦暗，光照较少。此时，人们更容易感到焦虑和忧闷。小雪节气是补肾的好时机，养生的重点是"养肾气，温暖情绪"。宜吃温补益肾的食物。肾在五行中属水、对应黑，可以多吃黑色食物，要少吃寒凉、大热、油腻食物，还应少咸增苦，滋养心气，以保心肾相交，阴阳平衡。对外要顺应自然界变化，适当保暖；对内要谨守虚无，心神宁静。

　　小雪养生，头和脚要区别对待。"头宜凉，脚要温。""头为诸阳之首"，人的头部是全身最不怕冷的部位，过于给头部保暖，会上火，致头昏脑涨。脚被称为人体"第二个心脏"，这里距离心脏最远，血供缓慢，脚受寒后加剧身体的寒凉，而血有"遇寒则凝"的特性，加重心脏负担。因此说，"百病从寒起，寒从脚下生""人壮全凭脚健",小雪养生先暖脚非常必要。

小雪物语：斯时天已积阴，寒未深而雪未大，故名小雪。

小雪是二十四节气中的第二十个节气，每年公历11月22日前后，太阳移至黄经240°时开始。

小雪三候：一候虹藏不见，二候天气上升地气下降，三候闭塞而成冬。入冬后，雨虹消失；过五日，已是天寒地冻；再过五日，转入严寒的冬天。

古　语：

> 形不动则精不流，精不流则气郁。
> ——〔战国〕《吕氏春秋·季春纪·尽数》

（二十一）大雪养生

> 万物潜藏，君亦隐藏。
> 恰契收藏，必获于藏。

大雪时节，寒风萧萧，雪花飘飘，冰河封冻，万物潜藏。养生要顺应自然之变化，在"藏"字上下功夫。应精神内守，颐养神气；多吃苦味、温热食物，多饮水；早卧晚起。还要预防心脑血管方面的疾病复发，预防感冒、气管炎等病症。简言之养精神，调饮食，练形体，适温寒，综合调养。

此季尤以食粥为佳。《随息居饮食谱》说："粥饭为世间第一补人之物。"清代养生家曹庭栋说："粥能益人，老人尤宜。""食宁过热，即致微汗，亦足通利血脉。"粥具有温、软、淡、香、黏等特点，与肠胃相得，利于消化，增津液。喝粥四季皆宜，常喝有调养作用，有助延年益寿。

大雪物语：斯时积阴为雪，至此栗烈而大，过于小雪，故名大雪。

大雪是二十四节气中的第二十一个节气，每年公历12月7日前后，太阳移至黄经255°时开始。

大雪三候：一候鹖鴠不鸣，二候虎始交，三候荔挺出。此时因天气寒冷，寒号鸟不再鸣叫；过五日，阴气盛极而衰，阳气已有所萌动，老虎开始有求偶行为；再过五日，荔挺（兰草的一种）感到阳气的萌动而抽出新芽。

古　语：

大雪养生"七宜"：

一宜保暖，二宜健脚，三宜多饮，四宜调神，五宜通风，六宜粥养，七宜早睡。

（二十二）冬至养生

一九二九入寒冬，阴至盛极阳缓生。
固护脾肾当为首，防寒保暖勿放松。

042

冬至这一天，北半球白天最短、夜晚最长，我国开始进入数九寒冬。民间有"一九、二九不伸手"的歌谣。养生以固护脾、肾为重点，兼顾五脏。要防寒保暖，积蓄能量。静神少虑，劳而勿过。饮食宜温热、高钙，合理搭配。要学会"躲"，躲暴饮暴食、躲寒冷、躲大汗、躲是非。

冬至物语：斯时阴气始至明，阳气之至，日行南至，北半球昼最短，夜最长。

冬至是二十四节气中的第二十二个节气，每年公历12月22日前后，太阳移至黄经270°时开始。

冬至三候：一候蚯蚓结，二候麋角解，三候水泉动。冬至时节，蚯蚓蜷缩着身体，如同打了结一般；过五日，麋感阴气渐退而解角；再过五日，泉水因阳气上升而涌动。

古　语：

　　四时之化，万物之变，莫不为利，莫不为害。圣
人察阴阳之宜，辨万物之利以便生，故精神安乎形，
而年寿得长焉。

——〔战国〕《吕氏春秋·季春纪·尽数》

（二十三）小寒养生

三九寒冬大冷天，阴邪贼风无忌惮。
温补肾气藏阴精，保暖护阳最关键。

民间有"小寒大寒，冷成冰团"的谚语。"三九"寒冬，冰天雪地，一年中最冷的时节到来。人们宜早睡晚起，适度户外运

动，心态平和畅达，保暖避寒。小寒大寒，准备过年，人们开始进入"忙年"模式，工作和生活节奏都比较紧张，宜有序而为。

自古就有"三九补一补，来年无病痛"的说法。应以温补为本；及时补充气血津液，抵御严寒侵袭，尤其要"补肾防寒"。肾虚是引起脏腑功能失调、产生疾病的主要因素之一。此时补肾可提高人体生命原动力，帮助机体适应严寒。酉时是肾经当令，是补肾最佳时间，晚餐最好食用羊肉等温补食物。

进入腊月，腊八粥该上用场。腊八粥原料为五谷杂粮，所含膳食纤维、维生素、矿物质比较丰富，具有和胃、补脾、益肾、利肝、养心、清肺、消渴、通便、明目、安神等功效，是"食疗"佳品。

小寒物语：时天气渐寒，尚未大冷，故为小寒。

小寒是二十四节气中的第二十三个节气，每年公历1月6日前后，太阳移至黄经285°时开始。

小寒三候：一候雁北乡，二候鹊始巢，三候雉始雊。小寒时节阳气已动，大雁向北迁移；过五日，喜鹊开始筑巢；再过五日，野鸡在接近"四九"时感到阳气的生长而鸣叫。

古　语：

　　饮食借以养生，而不知物性有相反相忌，纵然杂

进，轻则五内不和，重则立兴祸患。

——〔元〕贾铭《饮食须知》

自然自得

（二十四）大寒养生

一到大寒年收官，阴寒至极阳露边。

防风御寒不松劲，保阴潜阳迎春天。

大寒时节是我国大部分地区一年中最冷的时期，常呈现北风刺骨、天寒地冻的严寒景象。在部分地区，有的年份也有大寒不如小寒冷的状况。但在我国南方沿海一带，全年最低气温出现在大寒时节。大寒是二十四节气中最后一个节气，过了大寒又是一年，养生也到了收获和孕育兼顾重要时段。"大寒大寒，防风御寒"，要持续保暖御寒。应安心养性，怡神敛气，心境平和。饮食应遵循保阴潜阳的原则，宜减咸增苦，以养心气，温热食补，切忌黏硬、生冷食物，以护脾固肾，调养肝血。应及时补充体内水分，室内可通风加湿，防止干燥。俗话说，寒从脚起，冷从腿来。宜睡前泡脚，适当运动。大寒时节应重点预防心脑血管和呼吸系统疾病。

大寒是由冬到春的过渡时段，饮食起居还应有意识地顺应这个标志性变化，进行适应性调整，进补的食物应逐渐减少，多食用具有升散性质的食物，以适应春天万物的生发。

大寒物语：时大寒栗烈已极，故名大寒。

大寒是二十四节气中的最后一个节气，每年公历1月20日前后，太阳移至黄经300°时开始。

大寒三候：一候鸡始乳，二候征鸟厉疾，三候水泽腹坚。到了大寒，母鸡因得阳气而可以孵小鸡；五日后，鹰隼之类的飞鸟正处于捕食能力最强的状态，盘旋于空中到处找食物，以补充身体的能量抵御严寒；再过五日，水域中的冰都冻到水面中央。

古　语：

是以善养性者，先饥而食，先渴而饮，食欲数而少，

不欲顿而多，则难消也。常欲令如饱中饥，饥中饱耳。

——〔唐〕孙思邈《千金要方·道林养性第二》

五、生物节律看时辰

顺天时而动，相地利为生。遂生理节律，得一天从容。早在西周时期，我们的先人根据一日间太阳出没的自然规律，把一昼夜划分成十二个阶段，每个阶段叫一个时辰，十二时辰制开始使用。到汉代初年实行《太初历》后，十二时辰制基本定型。古人又根据十二生肖动物的习性，将时辰与生肖对应起来，使人们一日生活适应自然节律更加形象直观。这是我国古人对人类天文历法的杰出贡献。

自古以来，医学家、养生家就将十二时辰与人的生理规律相

对应，总结出了许多极其宝贵的养生智慧。

（一）子时养生（子时：23时—次日1时）

夜色深深万籁静，最宜入睡养胆经。

一阳初生当呵护，切莫熬夜到深更。

子时属胆，藏少火，宜入睡，忌熬夜。

子时（夜半）胆经当令，为胆汁运作与骨髓造血之时，须安睡。子时前入睡，晨起头脑清晰，面色红润，精力充沛。这个时候心脏功能最弱，心脏状况不佳的人应有所预防。

《黄帝内经·素问》讲："凡十一脏取决于胆也。"胆气通顺，可以支持五脏六腑的功能正常运转，胆气生发起来，全身血气才能随之而起。所以，有"宁舍一顿饭，不舍子时眠"的说法。如果子时前不能入睡，会导致失眠，影响胆的修复。书中还讲："胆者，中正之官，决断出焉。"说明胆有决断的功能。长此以往，胆气虚，胆汁不清容易导致头脑不清，使胆的决断能力下降，胆小怕事。

古人智慧——子鼠之提示：

子时，夜深人静，是老鼠最为活跃的时段，故有子鼠之称。那么，我们呢？在子夜寂静之时，常态就是安静入睡。

子鼠之赞誉：

晴天默默惊闹事
静夜悠悠做琴声

古　语：

一夜不宿，十夜不足。

——〔明〕《增广贤文》

（二）丑时养生（丑时：1时—3时）

月斜星稀四更时，熟睡梦乡身松弛。

阴血滋养舒肝气，已然而过不觉知。

丑时属肝，藏血液，宜沉睡，忌忧怒。

丑时（鸡鸣）为肝脏修复之时，宜身心放松状沉睡。肝得血液滋养则肝气舒，肝火消，则人面色红润，心平气和。修复之时，肝气充足的人聪明、敏捷。

肝主藏血，有疏泄、生发之功，"人卧则血归于肝"，此时应沉睡养肝，使肝血推陈出新，顺利排毒藏血。如果此时不能沉睡，会导致目倦神疲、四肢冰冷。肝还主筋，筋是连缀四肢百骸、有弹性的筋膜。如果肝出了问题，血浸润不到的地方相应的筋就出问题，致腰膝酸软。

古人智慧——丑牛之提示：

此时凌晨，老牛倒嚼正酣，故有丑牛之称。那么，我们呢？在四更夜半之后，常态就是放松沉睡。

丑牛之赞誉：

躬耕垄亩孺牛志

尽瘁家国忘我心

古　语：

古之真人，其寝不梦，其觉无忧，其食不甘，其息深深。

——〔战国〕庄子《庄子·大宗师》

（三）寅时养生（寅时：3时—5时）

渐入凌晨万物蒙，动静转化血气增。

切忌早醒累心脏，一觉睡到大天明。

寅时属肺，藏清气，宜熟睡，忌早醒。

寅时（平旦）肺经当令，多气少血，肺主一身之气，此时人的体温、血压皆为最低，呼吸、脉搏处于最弱，脑部血供最少。熟睡有利于肺将肝脏所储之气运往全身，濡养各脏。

寅时周身气血流经于肺，肺主宣发、肃降之功，深睡才能保证肃降之气正常运行。"寅时睡得熟，面红精气足。"此时，肺经最旺，睡得越熟越好。若熬夜或早醒，就会与身体气血运行相违背，会有一种度日如年、特别难熬的感觉。在夜间各时段，寅时熬夜对身体损害最大。

古人智慧——寅虎之提示：

此时进入夜与昼交替期，老虎出没，活跃于山野，故有寅虎之称。那么，我们呢？在黎明之前的美好时间，常态就是熟睡滋养平旦之气。

寅虎之誉赞：

啸撼天地千神应

威震山林万兽从

古　语：

天开于子，地辟于丑，人生于寅。

——〔宋〕朱熹《朱子语类》

（四）卯时养生（卯时：5时—7时）

日出东方尽生机，闻鸡即起迎晨曦。

开水润肠促代谢，适当运动身心怡。

卯时属大肠，藏糟粕，宜排便，忌赖床。

卯时（日出）大肠经当令，本经气血最旺。宜饮温水后排便，将体内毒害之物排出，使身体感到神清气爽。肺与大肠相表里。从大小便情况可看出人的心肺健康状况。

大肠"主管"全身气血流行的"大局"，卯时转化糟粕和参与体内水液代谢的功能最强，人体气机自然的一种走势就是排便。此时应披衣起床，喝杯温开水，清肠胃，排毒素。如果出现便秘，要及时调理。

古人智慧——卯兔之提示：

此时旭日冉冉，兔子出窝吃青草，故有卯兔之称。

那么，我们呢？在生机勃勃之际，常态就是新陈代谢。

卯兔之赞誉：

嫦娥伴驾天作客

月夜留住青云端

古　语：

胃满则肠虚，肠满则胃虚。更虚更满故气得上下，五脏安定，血脉和利，精神乃居。

——〔战国〕《黄帝内经·灵枢》

（五）辰时养生（辰时：7时—9时）

一天之计在于晨，胃经旺盛开户门。

锻炼归来喘口气，用餐及时营养均。

辰时属胃，藏水谷，宜朝食，忌饥饿。

辰时（食时）胃经当令，胃经是人体前面承重的经脉，此时进食是对人体必需的补充。宜早起用餐，且须营养搭配均衡。规律进食是调理脾胃最佳的途径。

"胃为水谷之海"，胃经多气多血，像一个营养物质的能量站，是人体能量的源头。经过一夜的休息，胃经流注最为旺盛，人的食欲最强，吃的东西也最易吸收消化。所以，早饭一定要吃饱、吃好，宜吃温和养胃的食物。由于此时不断分泌胃酸，如果饿得太久，就会有罹患胃炎、胃溃疡、十二指肠炎、胆囊炎等疾病的危险。"人以胃气为本"，不吃早餐是早衰的开始。

古人智慧——辰龙之提示：

此时旭日雾萌，传说是群龙行雨之时，故有辰龙之称。那么，我们呢？在朝食之时，常态就是用好早餐。

辰龙之赞誉：

天下炎黄皆裔胄

千秋华夏一图腾

古　语：

多食则气滞，多睡则神昏。

——〔清〕梁章钜《归田琐记》

（六）巳时养生（巳时：9时—11时）

一阳勃勃蒸蒸上，脾经当令气血旺。

正是劳作最佳期，聚精会神身心畅。

巳时属脾，生气血，宜劳作，忌思虑。

巳时（隅中）脾经当令，脾主运化，是气血生化之源。此时运动劳作，可强脾健胃。胃强脾健则精力气血旺，学习、工作效率高，头脑灵活。

脾是消化、吸收、排泄的"总调度"，又是人体血液的"统领"。巳时开始消化吸收早餐食物的营养，因而精力旺盛，应充分利用。巳时是一天中第一个黄金时期，人们精神饱满地进入工作学习状态，劳作效率高。如果没精打采，可能脾出了问题，运化功能失调，营养物质无法输送到全身。脾气虚弱，软弱无力，则要注意调养。

古人智慧——巳蛇之提示：

此时日禺阳艳，蛇出洞伏于丛中，故有巳蛇之称。

那么，我们呢？在一天的黄金之时，常态就是聚精会神地投入到工作、学习中。

巳蛇之赞誉：

洞察万物知所取

运筹帷幄出奇兵

古　语：

常亲小劳则身健。

——〔清〕申涵光《荆园小语·序》

（七）午时养生（午时：11时—13时）

日正中天阳至极，人要歇晌马停蹄。

午餐及时又丰富，最为有益当小憩。

午时属心，藏神志，宜静养，忌运动。

午时（日中）心经当令，是一天气机转换点，人体也应随之转换。午餐宜吃好、吃饱，宜静养、午休。

心脏一是主藏神明，二是主通血脉。午时气血流注于心经，血足则心神宁。午餐应在下午一点前用完，且宜营养丰富。人们适当午睡，对于养心大有好处，有助于推动血液运行，间接起到养神、养气、养筋的作用。午睡之后，肝脏可以把血液输送到大脑，促使下午和晚上精力充沛。

古人智慧——午马之提示：

此时日中而休，马属火、性烈，跑得快需要血流量大，马歇午以补充血气，故有午马之称。那么，我们呢？在正午之时，常态就是小憩片刻，以保持体力。

午马之赞誉：

出师岂畏征途远

凯旋不言功劳高

古　语：

养心莫善于寡欲。

——〔战国〕孟子《孟子·尽心下》

（八）未时养生（未时：13时—15时）

太阳偏西天过午，小肠当令受化主。

　　饮水降火排毒素，肠满胃空益脏腑。

　　未时属小肠，分清浊，宜吸收，忌积食。

　　未时（日昳）小肠经当令，小肠主吸收。午餐宜在未时前用完。午餐吃饱又吃好，小肠吸收充分，小憩易消化，精神气色佳。

　　小肠的功能是接受从胃部传递过来的食物，然后进行深度消化，最终将食物转化为能够被人体消化吸收的营养物质，而剩余的糟粕物质则传送到大肠及膀胱，最后排出体外。"未时分清浊，饮水能降火"，未时小肠经最为旺盛。午睡前后多喝水、饮茶，以利小肠吸收排毒。午餐宜吃好，但不要吃得太饱，否则引起体内废物堆积，整个下午人都感觉没精神。

　　古人智慧——未羊之提示：

　　　　此时骄阳已把草上露珠晒干，正是羊放坡吃草的好时刻，故有未羊之称。那么，我们呢？在太阳偏西之时，常态就是吃好午餐小憩一下。

　　未羊之赞誉：

　　　　三羊开泰绘锦绣

　　　　奉衣献食育贤人

　　古　语：

　　　　寒温不适，饮食不节，而病生于肠胃。

　　　　　　　　　　——〔战国〕《黄帝内经·灵枢》

（九）申时养生（申时：15时—17时）

阳气下沉将潜伏，人体气机趋内收。

顺畅代谢排废物，劳而不乏周身舒。

申时属膀胱，藏浊液，宜饮水，忌憋尿。

申时（晡时）膀胱经当令，"膀胱与肾相表里"，小便通畅是膀胱经气足的表现。申时宜多饮水，以降低血液黏稠度，促进血液循环，增加尿液生成，加速代谢废物排泄。

膀胱的主要作用是储存水分，然后分为津液和水分，水分排出身体，而津液则需要在身体中继续进行水循环。申时人体的体温比较高，特别是阴虚者体热的情况更明显。"申时津液足，养阴身体舒。"此时，一定要多喝水，及时排尿，不能憋尿，否则影响膀胱健康，甚至出现尿潴留情况。另外，申时气血借助膀胱经当令之时机，很容易上输于脑部，此时工作学习效率很高，被称为人体一天中第二个"黄金时段。"

古人智慧——申猴之提示：

此时太阳偏西，余温绕绕，是猴子在树林里玩耍啼叫最为欢快的时候，故有申猴之称。那么，我们呢？在晡时，即古人习惯的第二次进餐之时，常态就是补水促代谢。

申猴之赞誉：

飞涧跃枝身手高

秋藤夏壁逞英豪

古　语：

　　经脉者，所以能决死生，处百病，调虚实，不可不通。

——〔战国〕《黄帝内经·灵枢》

（十）酉时养生（酉时：17时—19时）

　　日落西山天渐暗，撂下活计回家转。

　　肾经当令宜休息，慢饮少食晚自安。

酉时属肾，藏元气，宜休息，忌劳累。

酉时（日入）肾经当令，肾气化肾精，肾精充足则身强体健，精神饱满，士气高昂。

人体经过申时泻火排毒，酉时周身气血俱注于肾，进入贮藏精华的阶段。酉时应日落而归，回家吃晚饭，餐勿过饱，饭后适当休息，放松身心，不剧烈运动。古人认为，最美好的生活方式是"日出而作，日入而息，逍遥于天地间，而心意自得"。

古人智慧——酉鸡之提示：

　　此时日落西山，旷野宁静，鸡在窝前打转，准备进窝，故有酉鸡之称。那么，我们呢？在收敛收藏之时，常态就是日落而息。

酉鸡之赞誉：

昂首高歌迎旭日

敞怀送暖育后生

古　语：

晚餐多食者五患：一患消化不良，二患扰睡眠，
三患身重不堪修业，四患大便数，五患小便数。

——〔明〕敖英《东谷赘言》

（十一）戌时养生（戌时：19时—21时）

夜色朦胧喜乐升，男女老少笑盈盈。

亦文亦武有所好，身心愉悦气血增。

戌时属心包，藏宗气，宜散步，忌生气。

戌时（黄昏）心包经当令。心包上的膻中穴主喜乐。此时喜
乐出马，为娱乐时间，宜保持心情愉快。

心包是心脏外膜组织，又是气血通道，保护心肌的正常运
转。心包上的膻中穴主喜乐，心包经在戌时兴奋，可清除心脏周
围的外邪，使心脏处于完好状态。心包经"值班"的时候，人体
的心气比较顺。此时是人体一天中第三个"黄金时段"，是娱乐
时间，应该让自己高兴，可以去散步、锻炼、轻歌曼舞。

古人智慧——戌狗之提示：

此时天地黄昏，万物朦胧，狗开始"上岗值班"，

故有戌狗之称。那么，我们呢？在一天中的惬意之时，常态就是运动休闲娱乐。

戌狗之赞誉：

> 不忌贫富诚言旺
>
> 愿保黎民享太平

古　语：

　　每日频行，必身轻目明，筋节血脉调畅，饮食易消，无所壅滞。

——〔宋〕蒲虔贯《养生要录》

（十二）亥时养生（亥时：21时—23时）

> 十二时辰画句号，畅通百脉靠三焦。
>
> 清清爽爽洗个澡，安安静静睡大觉。

亥时属三焦，藏水气，宜早睡，忌饮茶。

亥时（人定）三焦经当令，三焦使人体全身水道通畅。此时夜色已深，人们应安歇入睡。睡眠可以休养身心，睡前宜放松心情，忌喝浓茶、咖啡、烈酒等。

三焦是中医名词，为六腑之一，是位于躯体与脏腑之间的空腔，包括胸腔和腹腔，人体的其他脏器均在其中。从部位上划分，膈以上为上焦，膈至脐为中焦，脐以下为下焦。三焦的具体功能为主持诸气，总司人体的气化活动，其中的元气是原动力，三焦为人体水液运行的通路。"亥时百脉通，养身养娇容。"此时宜睡眠，让身体和灵魂都沉浸在温暖的睡梦中，经脉可得到最好的休息，对身体和美容十分有益。

古人智慧——亥猪之提示：

此时夜已至深，猪拱槽子找食吃，故有亥猪之称。那么，我们呢？在"寂寂人定初"之时，常态就是安歇入睡。

亥猪之赞誉：

大肚能容天下事

谈笑不忌衣食粗

古　语：

养生之道，在神静心清。静神心清者，洗内心之污垢也。心中之垢，一为物欲，一为知求。去欲去求，则心中坦然；心中坦然，则动静自然。

——〔春秋〕老子

第二章　让内心变得足够强大

【提要】

良好的情志是生命的"营养液"，不良的情绪则是健康的"隐形杀手"。人的心性好，脏腑器官才好；心态好，整个人的状态就好；身与心都健康，才是真正的健康。

在现实生活中，精神情志方面的问题往往被忽视，常常因不在乎而不了解，因不探究而不修炼。其实，人的先天禀性都是不完美的，而且可塑性很强，后天修炼是人生的"必修课"。相由心生，境随心转。养生重在养心，养心贵在修性，最有效的路径是涵养心性，做到内外兼修，追求身心合一，进而达到恬淡怡然的境界。

每个人，无论你志在何方、业有多专，最该了解的是你的身体、你的情志，最该管控好的也是你的身体、你的情志。

西方有句谚语，"不烦恼，不生气，不用血压计"。中医上讲，"心病引起身病"。可这个气是从哪里来的呢，有没有管控的办法？

《黄帝内经·素问》说："人有五脏，化五气，以生喜怒悲忧恐。"又说："有喜有怒，有忧有丧，有泽有燥，此象之常也。"这告诉我们，人有肝、心、脾、肺、肾五脏，五脏之气化生五情，产生了怒、喜、思、忧、恐五种情绪变化。一个人有时高兴、嬉笑，有时发怒，有时忧愁，有时悲伤，好像自然界有时下雨、有时干燥一样，是一种正常现象。

中医上讲，正常的精神情志变化，既是脏腑器官功能的反映，又是维持脏腑器官功能的基础，是协调脏腑器官功能的无形媒介。有节制的情志变化，属正常生理范围，不会引发疾病。相反，当人的情志刺激过度，持续过久，超过了正常的适应能力，就成为一种致病因素。《黄帝内经·素问》说："喜怒伤气，寒暑伤形，暴怒伤阴，暴喜伤阳。""喜怒不节，寒暑过度，生乃不固。"特别是现代社会，生活节奏快、精神压力大、刺激因素多，由精神因素引起的疾患呈多发态势，精神性疾病、心脑血管疾病、恶性肿瘤等重大疾患也与人的心理因素密切相关，而这些疾病正是人身健康的主要威胁。今天，人们确实需要拥有一颗恬淡的心。

《黄帝内经·素问》说："是以圣人为无为之事，乐恬淡之能，从欲快志于虚无之守，故寿命无穷，与天地终。此圣人之治身也。"也就是说，正因为贤明之人不勉强行事、不自寻烦恼，以乐观愉悦为旨趣，总是神清气爽，过着宁静的生活。这对今天的人们是很有启发的。

一、七种情志的调养

人的五脏与人的七种情志密切相关，五脏的健康状况影响情志的变化，情志的过度变化又导致五脏相应的病变。因此，讲养生保健，既要在保养五脏上做文章，又要在调节情志上下功夫。更重要的是，避免出现两者恶性循环的状况。

《黄帝内经·灵枢》说："人之情，莫不恶死而乐生，告之以其败，语之以其善，导之以其所便，开之以其所苦，虽有无道之人，恶有不听者乎？"大意是说，对得情志病的人，一定要告诉他得病的原因、病情发展的结果，然后告诉他正确调节的方法，以此来诱导他。

（一）喜。心在志为喜，喜则气缓。防过喜伤心，宜喜悦常伴。

归心属火声为笑，志疏营畅气达道。

得意之时莫过妄，喜悦常怀最重要。

《黄帝内经·素问》说：心在志为喜，在色为赤，在声为笑。就是说，心在情绪上对应的是喜。喜从心中来，喜为心之态，笑是喜形于外。"笑一笑，十年少。"喜则意疏，营卫舒畅，气血通达。通常情况下，喜悦、欢乐的情绪在保持心理乃至身体健康上起着重要作用。谈到喜，肯定要提到勿"大喜伤心"，这种现象虽然只是个别的，但这个机制需要了解。这里所说的"大喜伤心""喜则气缓"，是指欢喜过度，导致精神不集中，常出现心慌、心悸、失眠、多梦、胸闷、头晕、心前区疼痛，甚至神志错乱，多疑善虑症状，以及一些精神和心血管方面的疾病。

《黄帝内经·素问》说："恐胜喜。"从五行上讲，因为心属火、味为苦，主喜，肾属水、味为咸，主恐。水克火，"咸胜苦"，所以有了恐制喜。它是说当出现"大喜伤心"的症状时，用惊恐可以遏制喜悦。《儒林外史》中的范进，得知自己中举之后疯了，后来胡屠户给了他一巴掌，他吓了一大跳才缓过神来，就是恐制喜。

当然，这种现象现在并不多见，人们的见识增多，心理承受能力变强，高兴几日就过去了。而时下，乐不起来，难以保持那种喜悦、乐观的情绪，这是最需要关注的问题。

既不过喜，又能常怀喜悦，保持思想宁静、意志平顺非常重要，方法有很多种，比如保持一贯坚强的信念，陶冶豁达乐观的胸怀，培养幽默感，善用激励自信的心理暗示，善于发现生活中的兴奋点，经常与别人分享快乐，参加健身运动，欣赏音乐。不过喜，则心气不伤。

还有一点，人的体质对情志刺激所产生的作用也很值得关注。体质偏阳者，精神多乐观，常喜笑颜开；体质偏阴者，精神多抑郁，常心情恼怒不快，好发脾气。后者需要通过调节阴阳、平衡五脏六腑的功能来解决，要注意得法和有耐心。

古　语：

心乱则百病生，心静则百病息。

——〔元〕罗天益《卫生宝鉴》

（二）怒。肝在志为怒，怒则气上。防过怒伤肝，宜疏泄压抑。

归肝属木声为呼，疏泄不及气滞阻。

切莫憋在深内处，平缓释怀身心舒。

《黄帝内经·素问》说：肝在志为怒，在色为苍，在声为呼。也就是说，肝在情绪上对应的是怒。肝气旺盛的人，一旦遇事不爽，就往往气愤不平。怒则气上，损伤肝血，致阴血亏而肝失所养，则肝愈旺，更易动怒，如此恶性循环，导致内脏功能失常。《东医宝鉴·内景篇·怒》中说："七情伤人，惟怒为甚，盖怒则肝木克脾土，脾伤则四脏俱伤矣。"因怒而引起的病症大多比较严重，常出现面红耳赤，青筋怒张，毛发竖起，横眉张目头痛脑涨，甚至眩扑厥倒。《黄帝内经·素问》说："大怒则形气绝，而血菀于上，使人薄厥。"三国时期的周瑜因暴怒而亡，就是典型例证。哈佛大学的研究者发现：在愤怒爆发后2小时，人心脏病发作的风险增加5倍，中风风险增加3倍多。

《黄帝内经·素问》说"悲胜怒"，是指悲伤可以遏制愤怒。促使病人发生悲哀，达到康复身心目的，对于消散内郁的结气和抑制兴奋的情绪有较好的作用。从"五行"上讲，因为肝属木、味为酸，主怒，肺属金、味为辛，主悲。金克木，"辛胜酸"，所以有了悲制怒。金与木二者相互制约，在人体五脏中肝与肺互相制约，在情绪上悲与怒也存在这样一种制约关系。

但是，人是有感情的，一事来临，怒气上涌，想以悲制怒，如果没有外力作用是很难做到的。因此，我们一方面要明晰其机制，尽力去做；另一方面，要善于疏泄心中的怒火，平缓压抑的情绪。怒气不能憋在心里，有些表面看似控制住怒气的人，实际上情绪可能转入体内，给身心带来更大的伤害。这种"隐患"应尽量避免。比较有效的疏解方法也不少，比如，疏泄情怀，使怒而不得发者发之，怒而屡得发者平之，身心得舒；培养平和、温顺的性格，遇事平静应对；释疑解惑想开，熄灭燃烧怒火；转移注意力，分散"火力点"；多经世事历练，天高海阔心宽。不过怒，则百神和畅。

介绍一种捶胸疏气法。当怒气上升，愤愤难平之时，可将双手握成空拳状，反复拍打自己胸前膻中穴的位置，这也是中丹田部位，反复拍打，让胸怀舒畅，肝气下行，平缓和顺，从而排除怒气。研究还表明，"人老胸先老"。

古　语：

大喜荡心，微抑则定；

甚怒烦性，稍忍即歇。

（三）忧。肺在志为忧，忧则气聚。防过忧伤肺，宜开
阔胸襟。

归肺属金声为哭，诸事不遂多烦忧。

气郁伤肺又及脾，开阔胸襟了无愁。

《黄帝内经·素问》说：肺在志为忧，在色为白，在声为
哭。也就是说，肺在情绪上对应的是忧。肺主全身之气的升降出
入，主治节，忧则肺气治理调节功能失常。时间一长，致使肺气
耗散。

忧，指忧愁而沉郁，表现为忧心忡忡，愁眉苦脸，整日长吁
短叹，垂头丧气。忧则气聚。《黄帝内经·素问》说："愁忧
者，气闭塞而不行。"俗话说，"愁一愁，白了头"。有忧愁者
甚至痴呆不语，神志不清，肢体抽搐。气郁还伤脾，可致积液成
痰。《红楼梦》里的林黛玉，就是长期多愁善感，郁郁寡欢而
"痨病"缠身。现代人的许多慢性病如糖尿病、结核病甚至癌症
都与过度忧心有一定关系，需要引起高度重视的是，抑郁症患者
逐渐增多。

《黄帝内经·素问》说"喜胜忧"，是指喜悦可以平抑忧
伤。从"五行"上讲，因为肺属金、味为辛，主忧，心属火、味

067

为苦，主喜。火克金，"苦胜辛"，所以有了喜制忧。

以喜制忧，固然是一个很好的办法，需要时可以把它作为首选来使用。具体来说，就是用喜事和喜悦的情绪、环境、活动来平复忧伤的情绪。但这样做的效果难以持久，不一定能从根本上解决问题。

有些人整天心事重重，总是不开心，这是为什么呢？说到底还是忧虑太多，这个包袱长期背着太重。人要学会定期清理心里的"灰尘"。就像打扫庭院一样，人心里的灰尘也需要定期清理，不然就会越积越厚、锈蚀机体。如果因失败、受害、蒙羞等原因而引起的郁闷、埋怨、悔恨等情绪总是挥之不去，心里疙瘩就会越积越大，隐隐作痛，心病引起身病，最终害的是自己。生活中，我们要学会做"减法"，及时删除那些负面记忆，忘掉伤心难过的事，远离不想见的人，抛弃解也解不开的怨，定期清理内心中晦暗的东西，把更多的空间留给阳光。其实忘掉是很难的，记忆可以强迫，而遗忘不能，即使已经掩埋到尘埃里，心里依然背负着它，一旦触及这根"神经"，痛苦就会涌上心头，让人不能自拔。怎么办呢？忘掉了，固然最好；忘不掉，就找恰当的理由和适当的方式释放自己，把心结打开。释怀了，就会迎来真正的风轻云淡，从而充分享受轻松愉快的日子。

希望和忧虑常常"结伴而行"。正因为对希望充满渴望，便会心生忧虑，徒增烦恼。这个时候，不妨先试着把"远大目标"放在一边，抓住重要的东西，活在当下。心态平静下来，步履更坚实，你对未来的憧憬可能会一一变成现实。

还有许多方法可以潜移默化地调养忧伤情绪。俗话说，心大无忧，培养一个宽广的胸怀是最实在不过的事情。比较有效的方法：心理疏导，获得打开心灵之门的钥匙；心理调节，在音乐和自然当中理顺心情和情绪；充实内心，在繁忙的工作和生活中获得成就感和正能量；多交际，在融入社会和他人中丰富生活和获得自信；实践历练，在亲身经历中增强心理承受能力。不过忧，则心底清凉。

古　语：

人之心胸，多欲则窄，寡欲则宽。

——〔清〕金缨《格言联璧·存养》

（四）思。脾在志为思，思则神殆。防过思伤脾，宜凝神敛思。

归脾属土声为歌，过思心累脾不和。

脑宜常动勿过虑，凝神敛思意气多。

《黄帝内经·素问》说：脾在志为思，在色为黄，在声为歌。也就是说，脾在情绪上对应的是思。思是反复思考的意思，思考问题全靠精神支持。心藏神，久思神会受到损耗。脾为心之子，思则气结，母气不行，病及其子，所以"过思伤脾"。通俗地讲，过度冥思苦想，易造成志凝神聚的精神状态。久而久之，会出现气机郁滞的病理变化。思虑过度伤脾，导致脾胃运化失职，就会出现嗜卧、脘腹胀满、大便溏泻、不思饮食、倦怠乏力等脾虚症状。阴血暗耗，心神失养，就会出现心悸、健忘、失眠多梦、神经衰弱等症状。比较常见的情况：一些人心思太重，想法太多，思想包袱始终压在心里；有的人爱钻牛角尖，思维的轨道是"一条道跑到黑"；有的人身在神不在，发呆、发愣。这类习惯都耗伤了心血，这类人不管吃多少好东西，气血也补不过来。

《黄帝内经·素问》说"怒胜思"，是指怒气可以平抑思虑。从"五行"上讲，因为脾属土、味为甘，主思，肝属木、味为酸，主怒。木克土，"酸胜甘"，所以有了怒制思。用激怒来平抑思虑，显然是一种比较特殊的办法，必要时使用是有效的。《吕氏春秋》中讲，齐闵王因思虑过度而损伤了脾胃，以致积食，久治不愈，后经文挚用激怒的方法令其吐出胃中积食而告愈。现实生活中也有一些思虑过重之人被家中长辈激怒唤醒的事例。

但更多的情况是，没有必要或没有条件来使用激怒的方法，大量的、经常性的还是靠人的自觉调养和外界的适时引导，让思虑过重者从中走出来。然而，习惯一经形成，真正走出来确实是很难的。怎么办呢？试一试这几种方法：凝神敛思，保持思想清静；转移精神，培植良好情绪；参加集体活动，减少独处时间；增加户外活动，经常换换脑筋；学会遗忘，不断放空自己；不求完美，满足于做一个平凡的人。

如何做到凝神敛思呢？《太上老君养生诀》说："且夫善摄

生者，要当先除六害，然后可以保性命，延驻百年。何者是也？一者薄名利，二者禁声色，三者廉货财，四者捐滋味，五者除佞妄，六者去妒嫉。"要真能除去这"六害"，那么将是心清神悦，不求静而自静。还要专心致志，精力集中，不散乱，不走神，不昏沉。《医钞类编》里说："养心则神凝，神凝则气聚，气聚则形全。若日逐攘扰烦，神不守舍，则易于衰老。"从养生学角度讲，神贵凝而恶乱，思贵敛而恶散。无关之事，远而忽之，琐碎之事，轻而淡之。这些都阐明了凝神敛思、保持清静的道理和方法，值得用心领会而习练之。当然，这种思想绝不是无知无欲无求的懒惰，而是使人的追求境界更高远深邃。不过思，则神清气爽。

古　语：

多思则神殆，多念则志散，

多欲则志昏，多事则形劳。

——〔唐〕孙思邈《千金要方·道林养性第二》

（五）悲。肺在志为悲，悲则气消。防过悲伤肺，宜平心静气。

不快之事终遇到，过悲心急肺气消。

事过神宁早摆脱，平心静气是为高。

《黄帝内经·素问》说：悲则心系急，肺布叶举而上焦不通，荣卫不散，热气在中，故气消矣。也就是说，肺在情绪上对应的是悲。人过度悲哀就心系急迫，因为悲为肺志，所以人的肺叶也会胀起，又因为人体上中两焦不通，热气在内不散，肺气就会耗损，因此就说是肺气消。

悲，是由哀伤、内心痛楚而产生的一种情态。悲是忧的进一步发展，两者损害的都是肺气。过悲表现为面色惨淡，意志消沉，心神沮丧，偶有所触及，即泪涌欲哭或悲痛欲绝，肢体麻木、肌肉筋脉疼痛。"悲则气消"，肺气抑郁，情绪灰暗，肺气耗伤。过悲造成精神抑郁，还可能损伤其他内脏。《黄帝内经·灵枢·本神》还说："因悲哀动中者，竭绝而失生。"严重者甚至会因此而丧生。

每个人都难免遇到悲伤的事情，对因此而产生的悲哀情绪的调节能力，往往反映一个人的心理素养。提供几种比较有效的方法：适当宣泄，以排泄心中郁闷；有所节制，不要过于钻"牛角尖"；解脱出来，想得开，看得透；改变环境，旅游散心；时间是最好的老师，慢慢从悲伤的心境中走出来。

宣泄是一剂保健良药，可以适时一用。宣泄，是人自由表达、发泄负面情绪和感情，以消除不良心理影响的一种情绪释放方式。当一个人受到挫折或产生不满情绪后，如果不能得到及时的释放，由于人的心理承受能力有限，不良情绪长期积郁在心，心理就会出现严重失衡。这种情绪瘀滞不通，将从无形到有形，逐渐损伤内脏功能，甚至给身体带来严重疾患。这个过程因为是隐形的、缓慢的，或是不知不觉的，很容易被轻视和忽视，这就更增加其潜在的危害性。为了维持自身心理平衡，我们应当学会适当宣泄。主要方法如下：

1.说出闷在心里的话。当遇到不愉快之事时，不要自己生闷气，不要长期压抑在心，而应找知己朋友聚一聚，就事论事倾诉一番，把积郁的消极情绪倾诉出来，以便得到别人的同情、赞同、安慰和开导，从而把心结打开。

2.大声喊出来。当不满情绪积压在心中时，不妨大声地唱歌，朗诵诗文。还可以听音乐，让自己从不同的病理情绪中解脱出来。俗话说，一唱解千愁。

3.痛痛快快哭一场。哭是人类的本能，是不良情绪最直接的流露。让悲痛的泪水流出来，是心理保健的有效措施。但不要遇事就哭哭啼啼，这样反而会滋生不良情绪。

4.让自己安静下来。当人的不良情绪发作时，内心十分激动、烦躁、坐立不安甚至动手动脚。这时，可以转移注意力，以静制动，默默地侍弄花草，喂鱼赏鸟，琴棋书画，河边垂钓。这些都是以清静雅致的态度平息心头怒气，从而排除沉重压抑的明智之举，看似与宣泄无关，恰恰能收到特殊的效果。

5.通过运动出透汗。投入所喜爱的运动中，或从事一些体力劳动，挥洒自如间，既转移注意力，又把汗水出透，使不良情绪和身体毒素一同排出体外，从运动中找到宣泄的快感，让身心得以舒畅。

古　语：

　　物来顺应，事过心宁，可以延年。

　　　　　　　　　　——〔明〕龚廷贤《寿世保元》

　　（六）恐。肾在志为恐，恐则气下。防过恐伤肾，宜坚强意志。

　　　　归肾属水声为呻，恐则气下必有因。

　　　　思则制恐求一解，历练意志稳住神。

　　《黄帝内经·素问》说：肾在志为恐，在色为黑，在声为呻。也就是说，肾在情绪上对应的是恐惧，是精神极度紧张所引起的胆怯表现。遇到惊险、事故、生活的剧变等，心理容易受到严重创伤。"肾藏志""心藏神"，心肾不足则志怯神懦而常恐。"恐则气下"，恐惧过度，主要伤损人的肾气。恐惧不解，致肾精不能上奉，当上者不升，势必造成该下者不降，而出现心肾不交和肾气不固的病理，主要表现为面色苍白、呆滞，头昏欲坠，二便失禁，畏手缩脚，坐卧不安等症状。

　　《黄帝内经·灵枢》说："肾，足少阴之脉……气不足善恐。"血不足则志歉，志歉则恐，恐则神怯。"血不足则恐。"内脏气血不足导致恐惧发生，恐惧又使气机功能紊乱，这就形成了恶性循环。

　　《黄帝内经·素问》说："思胜恐。"思虑可以平抑恐惧。

从"五行"上讲，因为肾属水、味为咸，主恐，脾属土、味为甘，主思。土克水，"甘胜咸"，所以有了思制恐。按照这个原理，当恐惧发生时，我们可以直面恐惧源，把事理探究明白，把原因分析清楚，从而掌握真实情况，把握其实质，恐惧会逐步缓解和消失。这确实是一个令人信服的好方法。还有其他一些有效的方法：

培养应急反应能力。恐惧当前，深呼吸调节，放松全身心；自己给自己壮胆，保持正气充盈；沉着机智，处变不惊；尽快回过神来，抚平心灵创伤；转移环境，换个心态。

预判在先。对将要面临的事情，有一个概略的分析研判，把可能的结果尤其是最坏的可能考虑进去。设定好应对预案，有足够的心理准备。

历练胆量。个体胆量在遗传上是有差异的，但后天锻炼可以大大缩小这方面差距。胆量是锻炼出来的，要多经风雨见世面，扩大认知视野，加强心理素质训练，增强抗恐惧能力。

坚定意志品质。这是人的内生力，任何时候都需要。平时畏首畏尾，会慢慢耗损意志，关键时刻不敢挺身而出，甚至一蹶不振。要有意识地培养刚毅果敢的意志品质，强化主宰自己的能力，客观地评价自己，坦然地面对他人，冷静地应对事物，做生活的强者。

想清楚，看明白，都经历过，心自然会强大起来，还惧怕什么呢？

古　语：

虽千变万化，而主宰常定，人得此而生。

——〔明〕王阳明《传习录》

（七）惊。胆在志为惊，惊则气乱。防过惊伤心胆，宜历练胆识。

骤惊袭来伤心胆，事发突然实难免。

谨防精神出错乱，镇定下来慢慢缓。

《黄帝内经·素问》说：大惊卒恐，则气血分离，阴阳破散。也就是说，胆在情绪上对应的是惊，惊伤心胆。人突然遇到意外、非常事变，心理骤然紧张，受到惊吓，以致心气紊乱，出现心悸、心慌意乱、神志不安、目瞪口呆、失眠、精神错乱等惊慌失措症状，严重者甚至会惊悸而亡。《三因极—病证方论》说："惊伤胆者，神无所归，虑无所定，说物不竟而迫，故《经》曰：惊则气乱。"

惊与恐的区别在于，惊为自不知，从外而致，是骤遇险而惊。而恐为自知，从内而生。人们几乎都有过这样的体验，惊慌时心会怦怦跳，血压骤升、头晕目眩。短期的惊，心里平抚也就过去了，但有的人却留下了心理阴影。骤然面临惊吓，每个人都有可能遇到，它具有典型的突然性、不可测性和普遍性，因此应引起足够的重视。

自然自得

076

人受到惊吓后应做的第一件事是深呼吸，循环往复，这样一来，心就会逐渐平静。当心情稍微平复之后，要放空自己的大脑，最好进入一种"无我"的状态。如果此时你的心已经平静，可以回想一下刚刚发生了什么，因为你彻底回避它是根本不可能的。不要怕，要试图弄清楚事情的真相。不仅知其然，还要知其所以然，这时你会坦然自若。

值得关注的是，当一种惊恐突发来临时，不同的人所表现出的惊恐心理程度也是不同的。出现这种区别，从主观上讲，是个体的"胆量"差异。当一个人所具有的热能和正面心理充分，"胆子"就大些；反之，缺乏热能和正面心理，因而容易受到惊吓，或者说对惊吓的反应更强烈。从客观上讲，这是人的"见识"差异所导致的。见多识广、历练充分的人，心理承受能力更强一些；反之，心理承受能力就弱一些。这就涉及加强心理素质训练的问题，要积极地融入广阔的大自然中去，投身到丰富的社会实践中，参与到急难险重的任务中，经风雨、见世面，多体会、常积累，强身心、长胆识。

古　语：

　　卒然临之而不惊，

　　无故加之而不怒。

——〔宋〕苏轼《留侯论》

二、"六欲"生成的原理及调理

《吕氏春秋·贵生》最早提出了六欲的概念:"所谓全生者,六欲皆得其宜者。"东汉哲人高诱进一步解释说:"六欲,生、死、耳、目、口、鼻也。"后来,有人把六欲概括为:眼见色生欲,即见欲;耳闻声生欲,即听欲;鼻嗅香生欲,即香欲;舌尝味生欲,即味欲;身触物生欲,即触欲;意触法生欲,即意欲。比较普遍的共识是后来人们总结的:见欲(视觉)、听欲(听觉)、香欲(嗅觉)、味欲(味觉)、触欲(触觉)、意欲。总之,六欲包含人的生理需求和欲望。人要生存,生怕死亡,还要活得有滋有味、有声有色,于是舌要尝,眼要见,耳要闻,鼻要嗅,身要触,意要思。这正是人的高明之处。宇宙万物中,人的欲望最多,也最会享受。但是,这些与生俱来的本能,必须如《吕氏春秋·贵生》所言"皆得其宜",才有助于身心健康。

《黄帝内经·素问》开篇有两段著名的话:"法于阴阳,和于术数,食饮有节,起居有常,不妄劳作,故能形与神俱。""恬淡虚无,真气从之;精神内守,病安从来?"主张保持内心的平静,排除一切杂念,使真气通畅。对与生俱来的欲望,既不能纵,也不能禁,而应适当节制,保持平衡,维持身心的健康发展。上述所引，只要认真品读就会发现，权当是对今人的教诲，不仅一点不为过，而且十分恰当。

（一）见欲的调理

> 见欲由来眼之官，心生喜好犹看穿。
> 所好未必皆可从，良莠一目可允然。

眼见色生欲。眼睛能够识别色彩，但人的感知系统本身并不产生欲望，在感知系统之后是我们的"心"，也就是大脑神经系统能够产生好恶取向。通俗地说，只有心才能产生欲望。

《黄帝内经》中论述了"五脏"和"五色"的关联：肝在色为苍，心在色为赤，脾在色为黄，肺在色为白，肾在色为黑。因此，从生理上讲，当一个人五脏发生变化时，就会对某一种色彩产生偏好。比如，心气虚的人对红色特别感兴趣，肝火旺的人对青色特别感兴趣，肺气虚的人喜欢白色，脾气虚的人喜欢黄色，肾气虚的人喜欢黑色或蓝色。明白了这个原理，我们在日常生活中就要留心观察。当一个人对某一色彩特别喜好时，它相对应的脏器可能发生了某些变化，应及时调理。有些人喜欢以戴佩饰的方式来调剂，以色补色，其理想的愿望是起到辅助五脏功能、调理身心的作用，也许有一种心理暗示，也不足为怪。

眼睛是心灵的窗户，透过眼睛可以了解一个人的内心。眼睛也是心灵的"传感器"，所输送的信号对心灵有直接作用。一个人眼睛迷失，内心就会猥琐；眼睛迷乱，内心就会晦暗；眼睛迷茫，内心就会空虚。眼亮则心明。人都希望长一双美丽的大眼睛，有一副好眼力，大千世界尽收眼底，"大饱眼福"，赏心悦目，这自然再好不过。所以，人的眼睛一定要专注、光明、有神。

古　语：

　　心是枢机，目为盗贼。欲伏其心，先摄其目。盖弩之发动在机，心之缘引在目。机不动则弩住，目不动则心住。

　　　　　　　　　——〔唐〕吕洞宾《群言会粹·修身篇》

（二）听欲的调理

　　　　听欲由来耳之官，广闻便可知万般。

　　　　所乐当有取与舍，抑扬有秩心神安。

　　耳闻声生欲。耳朵能够识别声音，大脑神经系统能够产生对声音好恶的取向，从而产生听觉享受。比如，人们都喜欢听大自然发出的那种原生态的山宁水静的声音。古代五音琴发出的五种声音为：宫、商、角、徵、羽。《黄帝内经》把五脏与五种声音相配在一起，明确提出：肝在音为角，其声呼与长，如大地回春，万物萌生，生机盎然的旋律，具有"木"之特性；心在音为徵，其声雄与鸣，热烈欢快，活泼轻松，性情欢畅，具有"火"之特性；脾在音为宫，其声慢与缓，悠扬沉静，醇厚庄重，具有

"土"之特性；肺在音为商，其声促而惊，高亢悲壮，铿锵雄伟，具有"金"之特性；肾在音为羽，其声沉与息，风格清纯，凄切哀怨，苍凉柔润，具有"水"之特性。

同样，当一个人五脏发生变化时，其对某种声音产生兴趣。肝火旺的人喜欢摇滚音乐，因为肝主疏泄，心火旺的人喜欢用轻快的音乐舒缓心绪。当一个人身体强健之时，就喜欢找有节奏感又有震撼力的音乐作为发泄的出口。

知晓这个原理，我们也可以根据对声音的喜好来感知判断身体五脏六腑阴阳虚实状况，并按照"实则泻之，虚则补之"的原则适当调理。中医讲，肝虚则恐、实则怒；脾虚则四肢不用、五脏不安，实则腹胀、经溲不利；心虚则悲，实则笑不休；肺虚则鼻塞不利、少气，实则喘喝、胸盈；肾虚则厥，实则胀。当然，这只是一种判断方式。人们可以根据这些状况，用适合的声音抚慰情绪，陶冶心灵，由表及里加以调理，以期达到身心平和。

声音的魅力实在是太大，简直不可抗拒。优美的声音怡养人的情志，调节五脏六腑的虚实，丰富人的精神世界。现在喜欢唱歌跳舞的人越来越多，他们中的大多数都是受益者。

古　语：

养生之法有四：曰寡欲，曰慎动，曰法时，曰却疾。

——〔明〕万全《万氏家传养生四要》

（三）香欲的调理

香欲由来鼻之官，一嗅顿觉入丹田。

提神醒脑极诱惑，当知可惜不可贪。

鼻嗅香生欲。鼻子能够识别香气，大脑对香味进行取向，从而产生对香气的享受。对于我们来讲，最直接的诱惑就是食物香味的诱惑。古代对香道是很重视的。好的香气，使人神智开窍，心清气爽，令人向往。今天的人们更讲究生活品质，对香气的追求具有广泛性，如食物香、衣着香、空间气息香、大自然的馨香等。

人不可沉迷香气，过分追求就显得空虚、不接"地气"，人也不自在。其实，清洁本身就有一种淡雅之香，养成良好的卫生习惯是很重要的。最好的香气还是大自然原始的味道，空气的清纯、泉水的甘冽、果实的香甜、花草的芬芳，沁人心脾，最是滋养人，我们要尽可能多地去嗅原生态的味道。

古　语：

口为玉池太和官，漱咽灵液灾不干。

体生光华气香兰，却灭百邪玉炼颜。

——〔晋〕魏华存《黄庭经》

（四）味欲的调理

味欲由来舌之官，饱尝苦辣酸咸甜。

正是五脏之所养，故曰五味须均沾。

舌尝味生欲。舌面上布满了味蕾，它们根据五脏的需求，对食物会产生偏好。比如，心火旺的人喜欢食苦味，肺受寒的人喜欢食辣味，脾强健的人喜欢食甜味，肝火旺的人喜欢食酸味，肾气虚的人喜欢食咸味。

《黄帝内经》讲，五味入五脏，酸为肝之味，苦为心之味，甜为脾之味，辛为肺之味，咸为肾之味。这五味在人体五脏阴阳平衡时是不特别显现的，五脏平衡一旦被打破，人的中枢神经就会作出反应，五味会根据五脏的虚实，上泛到口中。比如，口苦为肝胆湿热，口甜为脾虚，口酸为肝虚，口辣为肺虚，口咸为肾虚。

实际上，人的味欲远不止这些，凡是有滋味的食物，人就会产生味欲。美味常常让人欲罢不能，欲仙欲醉，确实是一种独特的享受。但是，这里也有正常与不正常之别，有适度与不适度之分，有健康与不健康之异。调理味欲不能过分追求偏好，要五味进食适度，维持五脏平衡。

古　语：

多肉食谷食则气滞，多辛食则气散，多咸食则气

坠，多甘食则气积，多酸食则气结，多苦食则气抑。

——〔明〕陈继儒《养生肤语》

（五）触欲的调理

触欲由来身之官，或觉痛痒麻胀酸。

所触当为求舒适，皆得其宜才自然。

身触物生欲。人体皮肤接触到某种物体，作用到大脑神经系统，从而产生触觉欲望。比如，光脚行走在沙滩上、到大海里去搏击、中医按摩等，都是满足身体触感的欲望。

中医认为人体酸、麻、胀、痛、痒，都是人体的触觉神经带给身体的一些独特感受，这些感受意味着身体在某个局部出现问题。比如，人受风邪侵袭后，容易感觉酸痛，这是由于人体皮肤和肌肉之间的气血与水之间的循环出现问题，随着这种不通逐步加重，就会产生麻木。胀，主要是内热和压力造成不通而疼痛。痒，主要是身体里的热造成的。《黄帝内经·素问》讲，诸痛痒疮，皆属于心。因为心主火，火就是热的意思。心火血热，痛则不通。人的触觉是很敏感的，随时都可产生，所以要善于在保护中加以运用。平时可以通过练武术、打太极拳、做瑜伽、中医针灸按摩等，来改善身体微循环，增强体质。

古　语：

人得病有十因缘：一者久坐不饭，二者食无贷，三者忧愁，四者疲极，五者淫泆，六者瞋恚，七者忍大便，八者忍小便，九者制上风，十者制下风。

——〔吴〕竺律炎·支越《佛说佛医经》

（六）意欲的调理

渴望求知意欲生，思来想去为弄通。

生命能量高级版，明心见性使人聪。

意触法生欲。这里的意指的是意识，也就是意识的分辨和判断能力。法是指知识和概念。概括而言，人的意识、思想会对一些符合自身需求和特点的知识产生欲望。年轻人喜欢学习新知识，中年人更注重实践，老年人喜欢回顾总结。这种学习的欲望往往与人体的激素有关。正常情况下是，适当的年龄研究适合该年龄段特点的东西，就不会产生偏执，生理和心理十分契合。如果一个人的思想和行动总是不一致、不合时宜，看起来不正常，就容易让人怀疑其精神是不是有问题。

我们从事学习与研究，要注意适应自身特点，讲究自己的"身份"，到什么阶段干什么事，是什么角色演什么戏，这样才能使学习与健康相得益彰。当然，无论处于哪个年龄段，都要与时俱进，敞开心扉和胸怀去拥抱先进的东西，不断充实和丰富自己。

古　语：

　　　目之所好，不可从也；耳之所乐，不可顺也；鼻
之所喜，不可任也；口之所嗜，不可随也；心之所欲，
不可恣也。

　　　　　　　　　　　　　　——〔晋〕葛洪《抱朴子》

三、精神活动的产生过程与调理

　　古人对人的精神活动的研究已经非常透彻。《黄帝内经·灵枢》中《本神》一章，不仅论述了人的精神意识思维活动及其与五脏之间的关系，还阐释了失常状态下的病理变化和施治措施，指出神是生命活力的集中体现，神旺则生机正常，健康无病。这是人们应追求的理想状态。

　　书中说："血、脉、营、气、精、神，此五脏之所藏也。"血、脉、营、气、精、神，都是蕴藏在五脏中的人类生命活动的物质基础和精神动力，而其中又以神气的功用最大。如果人过于放任七情六欲而导致神气从五脏离失，那么五脏的精气就会消散，魂魄就会飘荡，意志就会烦乱，还会失去聪慧及思索能力。因此，摄养好精神十分重要。总的来讲，应从以下几方面着手：神形共养，身心合一；调节阴阳，实泻虚补；外应四时，内调情志，食宿有方。

（一）精

生命之始谓之精，阴阳交合而化成。

主藏之所在五脏，长生长养籍盛兴。

《黄帝内经·灵枢》说："天之在我者，德也；地之在我者，气也。德流气薄而生者也。故生之来谓之精。"大意是说，天给予我们生化之机，地给予我们长养之气，长养之气随着生化之机而变动，阴阳二气交合抟聚，于是世间万物才化生而成形。因此，阴阳二气交合而演化成生命的原始物质叫作精。书中还说："两神相搏，合而成形，常先身生，是谓精。""人始生，先成精，精成而脑髓生。"精是人生命的基础，也是精神活动的原始点。《养生肤语》中说："精能生气，气能生神，则精气又生神之本也，保精以储气，储气以养神，此长生之要方。"

《黄帝内经·灵枢》又说：五脏管理着精气的储藏，而精气又是生命活动的物质基础，五脏中的任何一脏都不能受伤害，如果五脏受了伤，那么五脏内所储藏的精气就会失其所守，人就缺乏营养。所以，我们要保护好五脏，以保证身体正常吸收和输送养分。

古　语：

　聚精之道，一曰寡欲，二曰节劳，三曰息怒，四曰戒酒，五曰慎味。

——〔明〕袁坤仪《摄生三要》

（二）神

生命活力谓之神，两精结合聚一身。

寄附之地在血脉，阴阳调和寓乾坤。

《黄帝内经·灵枢》说："两精相搏谓之神。"阴阳二精结合而成的生命活力叫作神。《天年》篇讲到神时说："血气已和，荣卫已通，五脏已成，神气舍心，魂魄毕具，乃成为人。"明确指出，神的含义是人体生命活动及外在表现。《黄帝内经·素问》说："神乎神，耳不闻，目明心开而志先，慧然独悟，口弗能言，俱视独见，适若昏，昭然独明，若风吹云，故曰神。" 这是在《灵枢》系统阐释精神活动产生过程之前所作的一段生动的描述，指出神是一种心领神会的领悟，虽然无法用语言表达出来，但一望而知之，豁然开朗。对于一个人来讲，神是极其重要的，它既是无形的，又是有形的；既是抽象的，又是具体的，它甚至关乎人的基本素质。所以，都提倡养神。

书中又说："心藏脉，脉舍神，心气虚则悲，实则笑不休。""是故怵惕思虑者则伤神，神伤则恐惧，流淫而不止。因悲哀动中者，竭绝而失生。喜乐者，神惮散而不藏。愁忧者，气闭塞而不行。盛怒者，迷惑而不治。恐惧者，神荡惮而不收。"这段话讲的是心脏与"神"之间相互影响所产生的结果。心是主持人体血脉运行的，神是寄附于血脉的。《类经·脏象类》也说："心正则万神皆正，心邪则万神俱邪。"都强调了保养心脏对于养神的重要性。当然，养神对养心同样重要，脑力劳动过度，不光累脑子，心也很累。

古　语：

　血盛则肌肥，精足则神壮，神和则德全。

　　　　　　　　——〔明〕陈继儒《养生肤语》

（三）魂

　随神往来谓之魂，潜在意识打开门。
　依附之所在肝血，知觉机能贯全身。

《黄帝内经·灵枢》说："随神往来者谓之魂。"随着神的往来活动而出现的知觉功能叫作魂。魂是后天形成的有意识的精神活动，犹如现代心理学描述的潜意识活动。葛洪的《抱朴子》说："附气之神为魂也。""附所气之神者，谓精神性识渐有所知，此则附气之神也。"人们常说的灵魂，指的是精神方面的核心要素，正是此意。

《黄帝内经·灵枢》专门阐述了肝脏与"魂"之间相互影响所产生的结果。血液藏于肝中，而代表精神状态的魂又依附在肝血中。肝气调畅，藏血充足，魂随神往，魂的功能便可正常发挥。肝气空虚，肝血缺乏，人就会有恐慌之感，出现狂乱、多梦、夜寐不安等症；肝气旺盛，人就易怒。过分悲伤影响肝脏，就会伤害魂。魂被损伤，人就会精神迷乱无法清醒地了解四周状况，以至于意识不清而做出有违常态的举动。

魂之病，从疗养角度讲，多以心肝、神魄并举。治其本，则多滋阴补血、清火潜阳；治其标，则以安神定魂为主。

古　语：

天地以气生人，故人一日一时，未尝能离乎气。

——〔明〕陈继儒《养生肤语》

（四）魄

并精而出谓之魄，本能感觉和动作。
寄养之地在肺气，肺旺则兴虚则落。

《黄帝内经·灵枢》说："并精而出入者谓之魄。"跟精气同出入而产生的神气功能叫作魄。魄是不受内在意识支配而产生的一种能动作用表现，属于人体本能的感觉和动作。葛洪的《抱朴子》说："附形之灵为魄。""附形之灵者，谓初生之时，耳目心识、手足运动、啼呼为声，此则魄之灵也。"魄力通常表现在一个人的胆识和决断力上。

《黄帝内经·灵枢》又说：人的真气藏于肺中，而代表人体器官运动功能的魄又依附在真气中。气旺则体健魄全，魄全则感觉灵敏，耳聪目明，行为果断，动作正确协调，记忆深久。肺气虚了，人就会感到鼻塞、呼吸不畅、气短；肺气壅实，人就会出现大喘、胸部胀闷、仰头呼吸等症状。过度喜乐不知节制，就会伤害魄。

魄之病，通常是在外界信息刺激下，本能功能出现不协调而引起的反应，可表现出心理和精神病状，呈"落魄"之象。疗养当以益精养气为主，正如《黄帝内经·素问》所说："呼吸精气，独立守神，肌肉若一。"

古　语：

一身之气，皆随四时五运六气兴衰，而无相反矣。

——〔金元〕刘完素《素问玄机病原式》

（五）心

所以任物谓之心，主观能动作探寻。

思维感知发起地，无限潜能在延伸。

《黄帝内经·灵枢》说："所以任物者谓之心。"让人自发地去了解客观事物的主观能动性叫作心。《荀子·解蔽篇》说："心者，形之君也，而神明之主也。" 心接受外物的刺激，引发思维活动。心是思维的感知发起之地。这里所讲的心是无形之心，它的精神活动与思、虑、智都属于心里活动中的思维过程。古人说"心之官则思"，认为思维活动产生在心，实际上与大脑是密不可分的。人们有时评价一个人"有心没心"，实际是说这个人脑子想不想事、有没有城府。人的心思不可太重，太重容易伤脾累心，是自背包袱。《黄帝内经》主张的是：心志清静安闲，少私寡欲，心情平和而不忧虑，使人体的真气和顺。

古　语：

　　自身有病自心知，身病还将心自医。

　　心若病时身亦病，心生元是病生时。

　　　　　　　　　　——〔明〕陈洪漠《治世余闻》

（六）意

　　心有所忆谓之意，初生念头似追忆。

　　依附之所在于脾，脾气充盈脑清晰。

　　《黄帝内经·灵枢》说："心有所忆谓之意。"心里有记忆而产生欲念的过程叫作意。就是心接受新事物后进行追忆，产生了初步的念头，是思维活动的印证过程。

　　《黄帝内经·灵枢》说：营气藏于脾中，而隶属人精神活动的意又依附在营气中。脾气虚了，人就会四肢无法活动，五脏不能调和；脾气积压，运化不畅，人就会出现腹部胀痛、小便不利等症状。忧愁过度又长期无法消除，就会伤害意。意被损伤，人就会出现胸闷烦躁、手足无力的症状。

　　《中西汇通医经精义·上卷》说：脾气健运，化源充足，气血充盈，髓海得养，即表现出思路清晰，意念丰富，记忆力强；反之，脾的功能失常，脾阳不足则思虑短少，脾阴不足则记忆多忘。

古　语：

欲修其身者，先正其心，欲正其心者，先诚其意。

——〔战国〕曾参《大学》

（七）志

意有所存谓之志，目标走向来把持。

精气入髓充于脑，意定不移成气势。

《黄帝内经·灵枢》说："意之所存谓之志。"决定将留存的欲念贯彻的过程叫作志。就是根据意念确定志向或打算，是思维活动中体现目标走向的过程。《中西汇通医经精义·上卷》说："志者，专意而不移也。"即志有专志不移的意思。古人说："志者，欲之使也。""夫志，气之帅也。"志是心之所向。受某种意念、心情强化时，则成为愿望、志向，具体表现就是愿意做、决心做。

《黄帝内经·灵枢》说：隶属于精神活动的志依附在肾的精气中。肾气虚了，元阳不足，人就会手脚冰冷；肾气积压，人就会下腹肿胀，五脏运行异常。髓海满盈，则精力充沛，志的思维意识活动亦正常；若髓海不足，志无所藏，则精神疲惫，头昏健忘，志向难以坚持。现实生活中，年轻人常常心怀大志，而老年人则往往意志消沉，机制就在于此。

古　语：

人之动，以静为主。神以静舍，心以静充，志以
静宁，虑以静明。其静有道，得己则静，逐物则动。

——〔宋〕苏轼《江子静字叙》

（八）思

因志存变谓之思，分析比较论得失。

研究是为求一解，脾旺思聪才得之。

《黄帝内经·灵枢》说："因志而存变谓之思。"为了使志
成为现实而反复考虑的过程叫作思。这是思维活动中的比较分析
过程，通过调查研究，优化选项，产生想法。

思的"工作量"很大，能量消耗也很大，思虑过多，累脑、
累心、累身，思虑过度会对脾造成损害，长期用脑，精神过度紧
张，还会导致心脑血管方面的疾病、糖尿病、身体失调等。

古　语：

怒甚偏伤气，思多太损神。

神疲心易役，气弱病来侵。

——〔清〕马齐《养生秘旨·养生铭》

（九）虑

因思远慕谓之虑，综合谋划江精粹。

运筹帷幄向未来，整体贯通来驾驭。

《黄帝内经·灵枢》说："因思而远慕谓之虑。"因思索而推想出结果的过程叫作虑。就是由近及远，周密思考，形成整体方案，是思维活动中的综合过程。俗话说"人无远虑，必有近忧"，这个虑就是指进一步厘清条理。在实际工作中，虑多了，则显得有些优柔；虑少了，则显得有些草率。所以，主张深思熟虑、精准施策。过虑会伤脾、耗心血，最好尽力而为。

古　语：

省思虑则心血不耗，发不易白。

——〔明〕王文禄《医先》

（十）智

因虑处物谓之智，定下决心作处置。

思维全程即收官，决策更见真本事。

《黄帝内经·灵枢》说："因虑而处物谓之智。"因思虑而定出巧妙处理事物之法的过程叫作智。智就是在深谋远虑的基础上作出判断并处理事物，是思维活动中的判断处理过程。需要的是头脑清醒，条理清楚，沉着机智。能够有条不紊地处理事务，人自身的条理性会比较强，心理素质也比较稳定，对身心健康都有帮助。

古　语：

养心之六法：曰心广、心正、心平、心安、心静、心定。

心广所以容万类也，心正所以诚意念也，

心平所以得中和也，心安所以寡怨尤也，

心静所以绝攀缘也，心定所以除外累、同大化也。

——〔当代〕萧天石《道家养生学概要》

四、养神修性是调养情志的好办法

脏腑精气凝于目，闭目养神益修复。

得来妙法常应用，恬愉自得沐雨露。

《黄帝内经·素问》说："得神者昌，失神者亡。"说的是神气的充盈与耗损直接关系到人的强壮与衰老；神气的得与失甚至关系到人的存活与消亡。中医认为，神是人体生命活动和精神活动的总称，与人的身心健康关系重大。而人体五脏六腑的精气都凝注于眼睛，闭目可以养生，特别是对于肩负重担、长期超负荷运转的工作者和中老年人来讲，这是非常有效的休养生息的方法。古人总结了十三法：

1.闭目养心

在心烦意乱时，找一处清静之地，正襟危坐，双目闭合，眼睑下沉，调匀呼吸，意守丹田。良久则头脑清醒，心平气和，烦恼渐渐消失，进入静谧祥和状态，浑身轻松。

2.闭目降气

在暴躁难耐时，要理智地控制情绪，离开是非之地，闭目思量。同时，用自己的双手食指轻轻压在眼睑上，微微揉搓，到眼珠发热发胀，便觉胸膛闷塞顿开，肝火胃气下降，躁怒平息，心情和缓。清代汪昂健身之道为："遇心绪烦乱之时，侧卧榻上，遂静心数息，数至数百，则心火下降，气爽神清，烦劳不苦，智慧聪明。"

3.闭目行悦

在忧郁悲伤时，退避静舍，闭目独坐，尽量默忆，想象以往得意欢愉之事，便会觉得心神平衡，悲伤烦乱之情就会逐渐消失。

4.闭目卧思

这是一种临界思维"现象"，即卧而不寐，闭目臆想联翩，大脑便排除了外界的干扰，又处于充血、充氧状态，从而促使大脑细胞的潜能最大限度地发挥作用，进而提高思维的深度和广度。

5.闭目消食

吃完饭后闭目休息10～30分钟，再去睡午觉、散步或做其他事情。吃完饭后，人体内的血液集中到消化道参与食物消化，如果立即行走、运动，血液就会有一部分流向手足，肝脏的血流量就会减少，正常的新陈代谢就会受到影响，从而导致对肝脏的损害。

6.闭目赏乐

闭目听一些自己喜爱的音乐。优美的旋律可增进大脑活动，调节中枢神经系统功能，会人心旷神怡。

7.闭目解乏

当劳累、紧张或疲乏时，不妨闭目静养片刻，大脑放空，静静地呼吸放松，这对迅速恢复精力和养生保健都大有益处。

8.闭目释烦

闭上眼睛不但可以养目，而且可以静心。当遇到繁杂吵闹的场合或自己不愿看到的场面，又不便避躲时，就可以闭目不观，形成与己无关的心理反应。眼不见，心不烦。

9.闭目养阳

适当闭目静心，晒晒太阳，有利于培养阳气，补充维生素D，还能够降低血压，让人精神饱满。

10.闭目动行

找一处清静之地，双目微闭，全身放松，以尽可能慢的动作打一套太极拳，充分体会缓慢柔韧、圆滑连贯的要领，定会气机通畅，周身轻松。同样，适合调养身心的慢节奏动作，都可适用。

11.闭目强记

当头脑一时"断片"，对于眼前的人和事怎么也想不起来时，不要着急，不妨闭目静心几分钟，待全身放松、心平气和后，或许会灵机一现，豁然开朗。

12.闭目神游

静坐闭目，给想象插上翅膀，任思绪飞翔。此时，心怡神驰，心灵与大自然融为一体，会产生一种身轻如燕的感觉。

13.闭目静息

静静地躺在那里，让心神安定，平稳缓慢地呼吸，心慢慢地静下来，不知不觉间，睡意袭来。睡一个好觉，胜过吃一堆补药。

古　语：

多思则神殆，多念则志散，多欲则损智，多事则形废。

——〔东晋〕张湛《养生要集》

第三章　在涉世中自得从容

【提要】

人这一生，最好的时期是在社会大舞台上追求理想和价值中度过的。社会是"人间百味"的发源地，每个人都会在其中经历成败、得失、进退、荣辱等境遇，尤其在某个特殊阶段或者某些重要事情上，无形的压力可能成为压倒人的"最后一根稻草"。一个人过不了"心理平衡"这道关，就很难迈过"身体危机"这道坎儿。

置身纷繁复杂的社会中，人们最需要的是增几分心智，多一些从容。心智是打开成功之门的金钥匙，是走向从容的阶梯；从容是人生底蕴，是处世之道，是生活状态，它让人拥有的是收放自如、淡泊洒脱、身心愉悦与超然自得。我们要善于在自然中净化世俗的心灵，感悟人生的智慧，启迪涉世的心智，体悟生命的意境。

人生实不易，格局定乾坤。心胸有多宽广，前方的路就有多宽广。我们要做一个仁者，不可能什么都看透，但可以看淡；要做一个智者，不可能什么都做到最好，但可以选择最好。

　　早在魏晋时期，养生家嵇康就总结了养生的"五难"：名利不去为一难，喜怒不除为二难，声色不避为三难，滋味不绝为四难，神虑精散为五难。时至今日，这个世界已变化万千，而这"五难"呢，不减反增，可谓越发难上加难。在现实生活中，有些综合素质很不错的人，因为一些不顺心，或意志消沉，最终导致身体出了问题；选择逃避，想讨个清静，却饱受孤独之苦。

　　世上没有能够解决所有问题的"灵丹妙药"。若想在复杂莫测的世态中应对从容一些，活得坦然一些，我们不如去看看山，看看水，去感受山的伟岸，去体会水的柔美，从中或许会有所领悟，至少可以得到许多教益和陶冶。

　　山与水，有形有质，有魂有神，有生命，有灵气，生生不息，皓皓长存，在与人的和谐相处中，蕴含着极其深刻的哲理，也让人们产生无尽遐想。我国从古至今，无论道家、儒家，还是富有情怀的素人，都对山水大加赞美并赋之以神圣的境界。因为，山像人，人像山；水像人，人像水。山川与人之间的关系，冥冥之中处在了相同品级、对等、对应的关系。

　　儒家更是把山川当作人格的最高标准。《论语·雍也》里说："知者乐水，仁者乐山；知者动，仁者静；知者乐，仁者寿。"意思是说，智慧的人，以能够拥有像水那样源远流长、奔流不息的品质而感到快乐；仁慈的人，以能够拥有像山那样巍峨壮阔、稳重坚实的品质而感到快乐。聪明的人好动，有仁心的人喜静；聪明的人快乐，有仁心的人长寿。孔子的这段经典言论，广为认可和传颂，很值得人们推广学习。

一、修一修山的品格

汉代著名思想家董仲舒在《春秋繁露·山川颂》中引用了孔子的一段话："山川神祇立，宝藏殖，器用资，曲直合，大者可以为宫室台榭，小者可以为舟舆浮溉。大者无不中，小者无不入。持斧则斫，折镰则艾。生人立，禽兽伏，死人入，多其功而不言，是以君子取譬也。"这段话的大意是，山川确立神祇，神性滋养万物。宝藏繁育无穷无尽。尽人器用，材质所需，莫不无私给予。宫殿台榭大规模营建，有巨者在；舟船车具小形式构造，有微者在。巨者从来未有不合大，微者从来未有不够小。大山没有怨言，持斧就可以任意砍斫，折拿镰刀尽管随便割艾。人类进入大山，才显得如此渺小，活人依山而活，死人也依山归入，依山而埋。无数的飞禽走兽在山中藏身，浩博的家园尽可安然栖伏、依赖。大山的内涵无限，怀抱永远无言地敞开。那么高峻、宽厚，正合一派君子的品节。

董仲舒引用了这段话，意在阐述他所主张的仁之为德的无私、长养之功。山是人生的坐标，山是生命的驿站。所以说，当得意时，你望一望山，让心灵从飘荡中尽快找到归宿，去追求那份平静后的深沉；当失意时，你也望一望山，让潜在的正能量重新聚集起来，再次焕发出奋进的精气神。山川之境界，你我当往之！

（一）山之本在慈，故能厚重不迁。我们应该修一修那如山的仁爱。

山慈在奉献，厚重至不迁。

人心怀大爱，屹立天地间。

绵绵山峦，逶迤壮阔，或硕大挺拔，或小巧灵秀，都厚重不迁，极富底蕴，永远充满生机活力。大山生长了滋养生灵的万物，孕育丰富的奇珍异宝，永不停歇地奉献着，却从不在乎些许回报。大山的大爱，心甘情愿地贡献于人类，也欣然地成就自己，它从来都是那样巍然屹立，生生不息，从容不迫。

相较于大山的慈爱，人类的每个个体确实要局限许多。在"大我"与"小我"之间，人们常常纠结着、修正着、发展着。这是人类社会的常态，无可厚非。不能指望每个人都成为圣人，但格局的大与小、计较的多与少，确实直接或间接地影响人的身心健康。

仁爱是天佑大爱。《道德经》第六十七章中说："我有三宝，持而宝之。一曰慈，二曰俭，三曰不敢为天下先。慈故能勇，俭故能广，不敢为天下先，故能成器长。今舍慈且勇，舍俭且广，舍后且先，死矣。夫慈，以战则胜，以守则固，天将救之，以慈卫之。"老子这段话大意是说，我有三件法宝，紧紧抓着把它们看成宝物：一是慈爱，二是节俭，三是不敢做天下第一。慈爱，所以能勇敢；生活节俭，所以能扩大财富；不敢做天下第一，所以能成为师长。如果舍弃慈爱而追求勇武，舍弃节俭仍在扩大财富，不在后而想走在第一，就会面临死亡。慈爱，用来交战就能获胜，用来防守就能稳固。天要救助他，就会让慈爱来保卫他。老子把慈爱看成是爱的最高境界，它能够让人心胸坦荡而勇敢无顾。有了这种慈爱之心，上天也会保佑他，一切都将是顺利的。

仁爱是益寿大爱。《春秋繁露·循天之道篇》说："故仁人之所以多寿者，外无贪而内清净，心平和而不失中正，取天地之美以养其身，是其且多且治。"《申鉴·俗嫌第三》里说："仁者内不伤性，外不伤物，上不违天，下不违人……寿之术也。"孔子说过："德薄而位尊，智小而谋大，力小而任全，鲜不及矣。""鲜不及矣"是说，这样下去很少有不遭及灾祸的。这里的祸根，就是如宋朝思想家朱熹所言："德不配位，必有灾殃。"《黄帝内经·素问》说："所以能年皆度百岁而动作不衰者，以其德全不危故也。"在这里阐述了修心之道，即道德。一个人要在社会中立足，立身处世的根本方法是从道德修养做起，修养而得于心，且全面具备。通俗地讲，一个人要想健康长寿，活得有滋有味，就要做一个有大德之人。

仁爱是智慧大爱。唐代药王孙思邈说："做人要恪守天道，修德积善。广积善德，心地善良，福泽自然长久，必然身心健康、长寿。"大爱多一些，计较就少一些，快乐就多一些。人心之烦，烦在计较；人生之苦，苦在执着；人生之难，难在放下。生活中，你在意什么，什么就会折磨你；你计较什么，什么就会困扰你。纵使天大的事，当你用顺其自然的心态面对时，就会发现其实没什么，只是自己想得太复杂而已。有时走得太累，不一定是因为走得太远，可能是背负得太多；有时我们活得太累，不一定是因为我们缺得太多，而是要得太多。你的满足感能透露你的幸福感。所以，知足为乐，少欲为福。

古　语：

　　德薄位厚，弗交也；名与实违，弗亲也；荣华驰逐，弗务也；豪侠奸权，弗接也；俗话细辨，不答也；胁肩所赴，弗随也。

　　　　　　　　　　　　——〔晋〕葛洪《抱朴子》

（二）山之本在固，故能安固如常。我们应该修一修那如山的稳重。

　　　都言泰山稳，安固在深根。
　　　人心能常定，四海可安身。

　　一条条山脉纵横千里，一座座大山立地顶天。于山外看山，感受到的是它的雄浑伟岸；于山中看山，感受到的是它的踏实稳重。山因安固而成脉，岭以屹立而成峰。大山之稳，稳在根深；大山之高，高在敦厚；大山之久，久在坚固。

　　人们常用"稳如泰山"来形容极其稳固的程度，这如泰山之稳，让人既安心又舒心，恰如其分地彰显了稳重、从容的魅力。然而，在价值取向多元、利欲诱惑多见、思想情绪多变的当今社会，浮躁之气广为流行，要做到沉稳、厚重，确实不是一件容易的事情，因而就显得更为重要。

稳重既是生存立足之本，也是生命健康之本，是身心修养的深功夫。《道德经》第二十六章讲："重为轻根，静为躁君。是以圣人终日行不离辎重。虽有荣观，燕处超然。……轻则失臣，躁则失君。"老子在这段话中对两对矛盾的现象做了分析：轻率与稳重，稳重是根本，轻率就会失去根本；躁动与静定，静定是根本，躁动就会失去根本。明智的人，虽享荣华，却能安然处之。轻浮则易浮而无根，失去根基而易倾倒。孔子有句名言："君子坦荡荡，小人长戚戚。"这就是说，开明的人，光明磊落，心胸坦荡，思想上坦率纯洁，外貌动作显得十分舒畅安定，就是人们常说的一派正人君子形象。猥琐的人斤斤计较，心理负担过重，就常常忧虑、担心，表情动作也显得忐忑不安、畏首畏尾。葛洪的《抱朴子》也说："巍峨岩岫者，山岳之本也；德行、文学者，君子之本也。莫或无本而能立焉。是以欲致其高，必丰其基；欲茂其末，必深其根。"

一个稳重大方的人的特质是：思想端正，修养深厚，沉稳坚定，严谨缜密，庄重大方。这样的人，泰然自若，心气平和，从容淡定，自带光芒，既透出实力，又富有魅力。他们经得起岁月的沧桑，享受得了荣华，承受得住冷寂，积累的是攻坚克难的智慧，储备的是赢得成功的力量。稳重来自思想积淀和性格磨炼。有的时候，人们需要面山而思，从榜样身上汲取力量，学会给心灵一个沉淀的机会，不断从实践中涵养胸襟，培养冷静镇定的气质，历练宠辱不惊的心境，形成脚踏实地的作风。慢慢地就会发现：越稳重，越轻松；越淡定，越从容；越安分，越坚定。

古　语：

卉茂者土必沃，鱼大者水必广。

虎尾不附狸身，象牙不出鼠口。

——〔晋〕葛洪《抱朴子》

（三）山之本在谷，故能包罗万象。我们应该修一修那如山的宽容。

山谷蕴广阔，心宽江江河。

大度自富有，有容乃存德。

大山各抱地势，尽显千姿百态。最耐人寻味的是，有山必有谷，群山拥幽谷。再看那山谷间，乾坤浩荡，云卷云舒，风起风落，草木繁茂，一派祥和。大山向万物张开双臂，敞开它那博大的胸怀，释放饱满而永恒的大爱。

人们赞美大山，自然要敬仰它的博大；人们向往大山，必定要感受它的广阔。置身大山中，登高远望，会有一种豁然开朗、心旷神怡的感觉，胸襟顿时被打开，脑海中呈现的是那广阔无垠的壮丽景象。

《道德经》第十五章说："古之善为士者，微妙玄通，深不可识。……敦兮其若朴，旷兮其若谷。"意思是说，古时候善于

自
然
自
得

行道的人，微妙通达，深刻玄远，不是一般人可以理解的。他的纯朴厚道，好像没有经过加工的原料；他的旷远豁达，好像深幽的山谷。老子把宽容大度摆在了人之美德中很突出的位置来大加赞许，广为后人传颂，这是值得我们思考的。宽容是心理养生的调节阀。宽以待人、宽以处世，实际就是宽待自己，让别人舒服，自己也舒服。

《易经》认为，谦逊才是最大的智慧。书中有这样一段话："天道亏盈而益谦，地道变盈而流谦，鬼神害盈而福谦，人道恶盈而好谦。谦尊而光，卑而不可逾，君子之终也。"意思是说，天的规律是使满盈亏损，使谦虚得到增益；地的规律是改变满盈，充实谦虚；鬼神的规律是加害满盈，降福谦虚；人的规律是憎恶满盈，喜好谦虚。谦逊者居尊位时自身愈加光大，下处卑贱时，普通人亦难超越。只有始终保持谦逊的美德，才能有好的结果。

宽容是君子风度。你看那大山，大而不侵，小而不扰，错落有致，浑然一体，与万物和谐共生，如谦谦君子，持重有节。现在，许多人深受复杂人际关系的困扰，背负着沉重的心理包袱。如果我们看一看大山的秩序，学一学它那君子般的风度，可能会给自己更清晰的定位，活得更超然一些。首先，要有自我判断力。宽容既不是无原则的，也不是无限度的。一事当前，要敏锐地判断出是非曲直、利弊得失，从公允出发形成基本态度。其次，要有自我消化力。我就是我，不为所动。具备独立的人格特质，处世有自己的原则立场，平等待人，谦逊有礼，不卑不亢。

活出了君子般的自我，境界会大大提升，于己会更洒脱，于人会更舒服。

宽容是内生力量。《道德经》第十六章中说："复命曰常，知常曰明。"又说："知常容，容乃公，公乃王，王乃天，天乃道，道乃久，没身不殆。"这两句话的大意是，世间万物一起蓬勃生长，又各自回归其本源，这样的循环往复叫作永恒规律，了解了这种永恒规律便叫作明智。认识了永恒规律才会大度包容，大度包容才能大公无私。这样才能合乎自然，才算得道，而得了道才能长生久视，终身不会有危难。老子还说"上德若谷"，是指最高的"德"像山谷那样幽深空阔，谦虚为怀。他认为，只有容纳万物，才能成为一个真正富有的人；只有包容，才能立于不败之地；只有虚怀若谷，才能赢得广阔的生存空间，不断进步。

宽容是笑对人生。凡事看得开，想得透，拿得起，放得下，学会隐忍性情，懂得克制欲望，退却时理性，谦让时大度，除去杂念私心，少些攀比计较，才会进退自如。成就别人就是给自己积蓄能量，也是在给自己铺路；宽容别人就是给自己的心灵松绑，放过别人也是提升自己；多看别人长处就是给自己注入积极情绪，也是多给自己留机会。多一些淡泊，得一份心宽，一个懂包容的胸怀更温暖，一颗不计较的心灵更阳光。退一步说，在与人交往中，投缘的，走得近一些，不投缘的，离得远一些就好。人的心宽广，正能量就充足，心态平和，人缘也好，活得自然轻松愉快。

春秋战国时期名医扁鹊被世代传颂，看看他的胸怀有多么谦

自
然
自
得

虚而宽广。有一次，扁鹊去见魏文王，魏文王说："我听说你们家兄弟三人都擅长医术，你跟我说说，你们仨谁的医术最高明啊？"扁鹊说："长兄最好，中兄次之，我最差。"魏文王惊讶地问道："那为什么你天下闻名，而他们两个却默默无闻呢？"扁鹊说："我大哥给人治病，总能做到防患未然。病人没有显出征兆，他手到病除，这个人像没得病一样，所以别人都不知道。我二哥治病，是在病兆初起时，他一用药就把病给除去了，所以大家总以为他能治的是小病，只能名传乡里。小病如果发展下去就是大病，行医治病防患未然者最高，但天下无名；病人垂死时才去挽救，保住了性命，但早已元气大伤，还会留有后遗症，可我却名传天下。"魏文王听后大加赞许："你说得好极了！"这段精彩的对话，扁鹊讲的是医术，但人们听出来的是心术；扁鹊说得好极了，是因为他虚怀若谷的境界高极了！

古　语：

谦者众善之基，

傲者众恶之魁。

——〔明〕王阳明《传习录》

（四）山之本在静，故能洞悉天地。我们应该修一修那如山的宁静。

山静宁天地，喧嚣自远离。

人能常清静，自然得神机。

　　一座座大山默默地矗立在大地上，看日出日落，经风起云涌，任凭世间喧嚣，我自静若观天。在纷繁的世界里，正是因为有了大山，才让人们感受到了恍若隔世的宁静，拥有那份可依可靠的安全感，使心灵在浮华中得以净化。大山的静，透着神机，从容地主宰万物；大山的静，呈现祥和，使万物得以共生共荣；大山的静，蕴含生气，始终散发生命的活力；大山的静，静得深刻，能让人在沉思中受到启迪。

　　老子说："夫物芸芸，各复归其根。归根曰静，是谓复命。"意思是说，世界的初始形态是静，万物都处于自然和谐的状态中，一切事物都毫不遮掩地袒露出其本质的真实，经过纷繁变化的成长历程，它们最终的归宿依然是静。

　　老子还说："人能常清静，天地悉皆归。"一个人如果能够长期保持清静的状态，天地的力量会回到你身上来。曾国藩说："人心能静，虽万变纷纭亦澄然无事。不静则燕居闲暇，亦憧憧亦靡宁。静在心，不在境。"

　　东晋时期的陶渊明曾任江州祭酒、建威参军等职，最后一次出仕为彭泽县令，由于他讨厌当时的官场习气，上任八十天便弃职而去，选择回归田园。回到田园，他突然醒悟到自己过去选择的错误，名利官场本来就不是他心中所想，也不是证明自己价值的唯一途径。于是耕读为业，写诗自娱："采菊东篱下，悠然见南山……此中有真意，欲辨已忘言。"他的心终于安定下来。自此，中国历史上虽少了一个可有可无的小官，却多了一位伟大的

112

诗人。

人静而雅。人们常常把静和雅组合在一起，静是心神的一种运动方式，雅是运动产生的状态，是生命自然美的状态。心越静，元气越充盈，生命力越旺盛，身心越协调，外在的气质越祥和。心态越好，精神越安静，这才是名副其实的优雅。正所谓气定神闲。

人静以涵。曾国藩说："心静则体察精，克治亦省力。"诸葛亮《诫子书》说："静以修身，俭以养德。非淡泊无以明志，非宁静无以致远。"宁静的力量能够带你穿越尘世的岁月，领悟生活的深邃，凝聚人生的智慧，使生命更加充实、饱满。人在心静时，会变得深刻而敏锐，智慧之光最为璀璨，容易找到初心，利于明辨方向，使自己更加清醒和坚定，从而更好地把握今天，拥有明天。

人静乃颐。静是休养生息的最佳方式。内心安静，才能捕捉到身心的明朗与通透；才能直指精神世界的锦绣与蓬勃；才能使自己的灵魂得以纯净和升华。反之，烦躁、焦躁、暴躁，都使人心神不宁，大怒伤肝，过思伤脾，阴阳失衡，身心失调。宁静淡泊是身心健康天然的免疫剂。静则心安，滤去心里的躁动，生命才会向自由自在的状态发展。

古　语：

　　知止而后有定，定而后能静，静而后能安，安而后能虑，虑而后能得。

　　　　　　　　　　　——〔战国〕曾参《大学》

（五）山之本在朗，故能高瞻远瞩。我们应该修一修那如山的开明。

山高可望远，朗者能高瞻。

坦荡多开明，大气少忧烦。

"横空出世，莽昆仑，阅尽人间春色。"这是毛泽东同志在1935年中央红军即将到达陕北时，登上岷山峰顶，远望苍茫的昆仑山脉有感而赋词《念奴娇·昆仑》的开篇之句。毛泽东借以昆仑山的高大，赋予了它"阅尽人间春色"的喻拟。大山之高大，总是承载着人类对高远境界的追求。

山是地球上最高的物体，比它还高的是站在山顶上的人。在大山之巅，可以尽享一望无际的开阔，饱览五彩缤纷的壮美，体验烟波浩渺的变迁。这其中感悟到的不正是做人的开明吗？

开明是一种宽广眼界。《孟子·尽心上》说："孔子登东山而小鲁，登泰山而小天下。"孔子登上了东山，觉得鲁国变小了，登上了泰山，觉得天下变小了。孟子所表达的是，眼界决定境界，只有站得高才能看得远，高瞻远瞩才能胸怀广大。眼界是看不见摸不着的东西，但确实是影响人的能力素质、左右成败得失的重要因素，是人的"软实力"。人和人的差距，有时不是文化的差别，而是眼界的不同。人无远虑，必有近忧，即使再甘于辛苦付出，也多有不顺，难成大事。一个人能走多远，关键在于

114

能看多远。"登山"的机会需要自己去创造和把握，自己的眼界只能自己去开阔，没人能帮得了你一辈子，尤其是需要靠心悟和历练的东西，终究要靠自己。我们平时无论为人处世，还是运筹谋划工作，要善于学习借鉴，汲取经验教训，把眼界打开，"欲穷千里目，更上一层楼"。

开明是一种坦荡襟怀。漫漫人生路，可谓困惑多多。如何才能不被始料未及的挫折压倒？就是要敞开胸怀，磊落光明，内心干净。内心充满阳光，敞敞亮亮，正所谓"心底无私天地宽"，活得就坦然自在，白天吃得香，晚上睡得着。这样的人一身轻松，自带福气。一个整天把自己"包裹"起来的人，晦暗无光，总想胜人一筹，实则常为心事所扰，烦闷纠结，活得很累不说，人缘也不好，着实是损人不利己。这样的一生是很不划算的。一个人肩上的担子再重，也是"任期制"，总有卸下来的时候，而且可以调节；心思要是重了，那是"终身制"，往往压迫一辈子，而且不能自拔。当一个人心理出现扭曲端倪的时候，就需要有一种反省精神，面山思过，改过自新。

开明是一种豁达人生。有一个"知足者常乐"的典故，至今仍有启发意义。据《列子·天瑞》记载，孔子有一次游泰山时，遇见了当时的隐士荣启期。荣启期已经老态龙钟，身穿鹿裘，腰束绳索，正盘坐在五层崖上鼓琴歌唱，一副怡然自得的模样。孔子问他："先生所以乐，何也？"荣启期回答："吾乐甚多：天生万物，唯人为贵，而吾得为人，是一乐也；男女之别，男尊女卑，故以男为贵，吾既得为男矣，是二乐也；人生有不见日月、不免襁褓者，吾既已行年九十矣，是三乐也。"孔子点头称是，又惋惜地说："以先生之高才，倘逢盛世，定可腾达，如今空怀瑾瑜，不得施展，仍然不免遗憾。"谁知荣启期却不以为然地说："古往今来，读书人多如过江之鲫，而能飞黄腾达者又有几人？贫穷是读书人的常态，而死亡则是所有人的归宿，我既能处于读书人的常态，又可以安心等待人最终的归宿，还有什么可遗憾的呢？"孔子听了说："善乎！能自宽者也。"

能自宽者，寿自长。这个故事到这里就结束了，然而，荣启期本人也没想到的是，他与孔子的这番对话，使他的名字与"知足者常乐"的典故一起，永远地流传下来。在后世许多诗文辞赋中，都把他作为"高士"记载和歌颂。东晋陶渊明《饮酒》诗中，有一章专门为他所写："九十行带索，饥寒况当年。不赖固穷节，百世当谁传？"

凡事看开了，看透了，心也就释然了，问题也就解决了一大半。不完美是生活的常态，过分追求完美，把自己放在"空中楼阁"里，被现实沉重的包袱压着，怎么能做到说放下就放下呢？

杜甫《望岳》中有两句话："荡胸生曾云，决眦入归鸟。会当凌绝顶，一览众山小。"我们要做一个开明旷达之人，不要离现实太远，不要被困境所扰，不要于得失中徘徊，不要在痛苦的旋涡中挣扎，要站在人生的另一种高度审视周围的人和事，多看积极的一面，多寻找快乐点，甘于平淡，善于排忧，大大方方、快快乐乐地过好每一天。

古　语：

> 以天下之目视，则无不见也；
>
> 以天下之耳听，则无不闻也；
>
> 以天下之心虑，则无不知也。

——《管子·九守》

（六）山之本在顽，故能坚韧不拔。我们应该修一修那如山的坚毅。

> 山以顽石基，屹然蕴生机。
>
> 人生当主宰，看谁更坚毅。

在万千变化中，形态各异的大山总是那样巍然屹立，屹然不动。大山历经沧桑，始终昂首挺胸，目视前方，它不骄也不躁，不卑也不亢，从来都是不为所惑、不为所动，永远散发出坚定的力量。大山泰然自若，笑迎八方，充满了自信，散发着从里到外的坚定。这是因为以顽石之身铸就了它的坚硬与刚强，拥有强大的内生力，形成了风吹不动、浪打不倒、一如既往、牢不可破的硬实力。它生生不息，与日月相应，十分令人敬仰。我们是不是可以从大山身上感受到一股坚毅的力量呢？

坚毅是一种自信力。一个人的自信来自自身的底气，是一种内生力。自信心强的人应该能盛得下世间万事，经得住急难险重，装得进恶语讥言，跳得出是非曲直，任凭风吹浪打，我自闲

117

庭信步。自信，在关键时刻比黄金还重要。它能使挑战成为机遇，可以化危险为平安，使不可能成为可能，使可能成为现实；还能使人在取得成功的同时，获得昂扬向上的精气神，使身心更加愉悦；不仅强大了自己，也会给周围的人带来希望和信心，营造出积极进取的良好氛围。

孔子周游列国时，到陈国经过一个叫匡的地方，赶车的弟子颜刻用马鞭子指着前方说："从前我进入这个城，就是从那个缺口进去的。"当地人听了这话，以为曾经残害过匡人的阳虎又来了，孔子的模样又很像阳虎，于是大批匡人围困孔子一行整整五天，弟子们都很害怕。孔子说："周文王已经死去，周代的礼乐制度不就在我们这里吗？上天如果要毁灭这些礼乐制度的话，就不会让我们这些后死的人承担起维护它的责任。上天并没有要消灭周代的这些礼乐，匡人又能把我们怎么样呢？"最后，孔子一行借宁武子之力摆脱了围困。孔子与死神擦肩而过，仍十分镇定，足见其自信。他的自信，已经超越了身体和环境等因素，直接上承于"天"，完成的是"上天"赋予他的使命，可见其自信至高至极。

坚毅是一种决断力。一事当前，对其发生、发展能够做出客观准确的分析判断并果断处理，这是摆脱纠结、走出困惑、免除后患的明智之举，更是抓住机遇、赢得先机、取得成功的关键一招。无论是工作还是生活，要想做出更好的选择，必须有一定的决断力。在漫长的人生路上，一个人一旦失去了自我，自然难以支撑。当然，这里所说的自我不是自私，是自己主宰自己的意识，是应该拥有而且必备的自我主导、自我存在、自我发展的主观能动性。如果没有这些，而是瞻前顾后、听命于人、忍辱负重，再含糊的人也会身心俱疲。因此，要善于在复杂情势面前区分利害，有所取舍，当断则断。

公元959年，赵匡胤任后周的殿前都点检（朝廷军队中的最高指挥官），次年率军前去北伐契丹。这时京城里纷纷传言：军队要发生政变，将领们将要推举都点检为天子。赵匡胤回家后把这件事告诉了家里人，不无担心地说："外面如此议论纷纷，我们又该如何？"他的姐姐正在厨房里做饭，听了这话，就拿着擀面杖出来敲赵匡胤的头，一边赶他走，一边责备他："你这个男子汉真没出息，大丈夫遇到大事，能干不能干，应当自己当机立断，而你却磨磨蹭蹭地跑到家里来吓唬妇道人家干什么？"赵匡胤听后默默地走了出去。于是就有了后来在中国历史上具有传奇色彩的"陈桥兵变"，赵匡胤成了宋朝的开国皇帝，而且是一位优秀的皇帝。从这则故事中可以看出，赵匡胤的姐姐可不是她自称的"妇道人家"那么平凡，算得上是位"女中豪杰"。她所主张的这种决断力，是治国安邦成大事者必备的素质，我们平凡之人处理现实生活琐事同样应该具备这样的特质。

坚毅是一种意志力。《孔子家语·屈节解》中说："君子之行己，期于必达于己。可以屈则屈，可以伸则伸。故屈节者，所以有待；求伸者，所以及时。是以虽受屈而不毁其节，志达而不犯于义。"这就是说，一个君子为达到人生目的，要根据外部情势变化而随机应变，但前提是"不为穷困而败节""不毁其节""不犯于

119

义"。孔子的这种行事风格为后世继承，孟子概括为"富贵不能淫，贫贱不能移，威武不能屈"（《孟子·滕文公下》）。

意志力对于一个人的养生乃至生活，可以说是比智商、情商等更高的品格。《抱朴子》说："坚志者，功名之主也；不惰者，众善之师也。登山不以艰险而止，则必臻乎峻岭矣。"有意志力的人，通常能够成为主宰自己的人，这样的人生也更加积极、主动、从容。因此，我们在日常工作和生活中应做到：在诱惑面前不自乱方寸，避免心浮气躁；在得意面前不自我膨胀，避免轻率妄为；在失意面前不自暴自弃，避免窝心伤身；在困难面前保持自信，避免萎靡不振。

古　语：

　　古之立大事者，不惟有超世之才，亦必有坚忍不拔之志。

——〔宋〕苏轼《晁错论》

二、练一练水的境界

董仲舒的《春秋繁露·山川颂》说："水则源泉混混沄沄，昼夜不竭，既似力者；盈科后行，既似持平者；循微赴下，不遗小间，既似察者；循溪谷不迷，或奏万里而必至，既似知者；障防山而能清净，既似知命者；不清而入，洁清而出，既似善化者；赴千仞之壑石而不疑，既似勇者；物皆因于火，而水独胜之，既似武者；咸得之生，失之而死，既似有德者。"

这段话的大意是，充满生命力的有源活水，变化蓬勃，奔流不竭，其随地成形，见其无穷之力；盈满而进，实而后行，却不求溢过，见其有度；柔软地顺着一切细小的地方流淌而下，不遗留哪怕一点小间隙，见其智必达而成；虽然奔流不歇，但遇到障碍又能够从容回旋，安之若素，行万里而毕至，见其乐天知命；躲在群山之后，能够清净自在地享受一切，见其超脱达观；入于不洁，淘然洗然，又以鲜亮洁净出而不变，见其以己化人；千丈山谷跃然而下，不稍迟疑，见其勇敢；世上之物，莫不畏火，而水独可胜而相止，见其有德殊能；哺育万物，性命攸关，更见其无为有宽，长养之德无限。

千百年来，文人志士对水的赞美不绝于耳，至情至深，推崇备至。好一个"上善若水"啊，竟集万千敬仰于一身！它作为物质，可以供养人；作为精神，又能感染人。因此，每一个人都应该以水为榜样，当镜鉴，养心性。当身处逆境时，你去看看水，它能给你攻坚克难的智慧和勇气；当身处顺境时，你也去看看水，它能让你心如止水般平静，从而在纷繁中保持那份清醒，具有足够的定力，赢得轻松自如的生活。

（一）水之性在善，故能善常救人。我们应该练一练那如水的向善。

上善若水至佳话，利物无争行天下。

人心自觉求纯正，福至祸离终报答。

　　《道德经》第八章讲："上善若水。水善利万物而不争，处众人之所恶，故几于道。居，善地；心，善渊；与，善仁；言，善信；正，善治；事，善能；动，善时。夫唯不争，故无尤。"

　　这段话的大意是，最高的善像水那样。水善于帮助万物而不与其相争。它停留在众人所不喜欢的地方，所以接近于道。上善的人居住要像水那样安于卑下，心要像水那样深沉，交友要像水那样相亲，言语要像水那样真诚，为政要像水那样有条理，办事要像水那样无所不能，行为要像水那样伺机而动。正因为他像水那样与万物无争，所以才没有烦恼。

　　老子由此悟出了一条重要的处世原则，就是谦卑、忍让，善处下位，尽量助益他人，以消弭纷争，避免失败，赢得人心，并能使人们乐于推戴。老子主张"善者，吾善之；不善者，吾亦善之，德善矣！"就是对那些与自己友好的和不友好的人，都以善对待，以此成就德行和功业。这就是水一般的处世哲学，也是东方文化的精髓之一。善良本身就是心理健康的营养素。

　　善待他人，就是善待自己的心灵。人之初，性本善。善良是从善待他人开始的。当一个人发善令、行善事之时，他的心灵是初心，他的心态是安乐祥和的，他的所作所为顺天应时，合乎人道，必然问心无愧，坦荡光明。俗话说，平生不做亏心事，半夜敲门心不惊。善良也会产生一种心灵"条件反射"。要心怀怜爱，将心比心，推己及人，舍己为人，在善待他人中让自己的心

122

灵更安详。心安则神怡，心慈则面善。善良的人，心灵充满柔和之美，外有亲和力，内聚正能量，活得自自在在。

越善良的人，生活本身的情趣就越多。一个人心地越善良，在生活中所发现的真、善、美就越多；相反，一个人心理越阴暗，他的世界里见不得光明的东西就越多。发现真、善、美多的人，向上向善的愿望就强烈，爱心的覆盖面就广泛，生活的主动性、创造性就充分，情趣丰富，内心充实，生活饱满。心灵美丽、乐善好施的人，社会交往顺畅，社会价值体现得也更充分。明代著名思想家王阳明说："善念发而知之，而充之；恶念发而知之，而遏之。"他又说："常快活便是功夫。"一个善良的人，常常善于校正自己的思想和行为，往往传递给别人的是温暖快乐的情绪，可谓利己、利人、利社会。因此，善良的人内心纯正、充满阳光，快乐也会与之长相伴。

积善之人，必得善报。因果报应的观念，早在佛教传入之前，我国固有的上古文化就已经鲜明地提出。《易经》讲："积善人家，必有余庆。积不善之家，必有余殃。"这个思想，几千年来一直被中华文化所传承，人们的思想深处是普遍接纳的。但是，由于各个时期受不同文化思潮和社会风气的影响，道德风尚是变化波动的，对人们的影响也有很大差异，但宗旨没有变，终归是善有善报，恶有恶报，要弘扬这种"积善成德"的理念，不为一时一事的表象所困扰，相信积善是"利用安身"最有利的行为，自觉地以"积善"的因，去获得"余庆"的果。

123

古　语：

人而好善，福虽未至，祸其远矣。

——《春秋·曾子》

（二）水之性在和，故能海纳百川。我们应该练一练那如水的包容。

亲和融天下，有容百川纳。

心胸尚若水，气度自芳华。

水，天性融合，润物无声，最具渗透力、亲和力、包容性。它通达万物，广济天下；它质朴至极，成就万物；它亲和各方，连接未来。它与大地相结合，便是大地的一部分，育树树茂，哺花花俏，浇禾禾壮，润草草生；它与生命相结合，便是生命的一部分，生生不息的身躯饱含着生命之源的活水。在人们的思维定式中，"水"与"和"两个字是经常相提并论的，提到"水"常常联想到"和"，提到"和"便想到"水"。一个"和"字，承载着中华传统文化的精髓，根深蒂固，具有独特的引领和象征意义。和则俱兴，和则皆安，和则同乐。和，说易也易，说难也难，关键在于包容。包容是和的本质，也是和的基础与保证。

包容，是中正的善待。其核心是对人对事能够客观、全面、准确地看待，尊重事实，尊重真理，尊重良心，做到不偏见，不偏心，不偏袒。善于从中正的立场出发，得出中正的分析判断，用中正的方法去对待，从而求得中正的结果。这既是普世的道德，又是超凡的智慧。倘能如此，不人为树敌，不招惹事端，不遗留后患，自然心安理得。

包容，是心灵境界的大度谦让。这可不是简单的大大咧咧，而是对人生看得太透彻。海纳百川，有容乃大。人心如路，越计较，越狭窄；越宽容，越宽阔。人有多大的胸怀，就能盛得下多大的世界，也就会取得多大的造就。在与人相处中，要善于换位思考，将心比心，推己及人，多替别人着想，多一份理解，多一份体谅，多一份谦让。做人千万不能太苛刻，应该做到不轻视，少指责，与人方便，与己方便，这样自己舒心，别人也舒服。

"六尺巷"的故事，至今仍传为美谈：

清朝时期，安徽桐城名门望族张家，张英、张廷玉父子两代为相，权势显赫。清康熙年间，张家老宅与邻居吴家两府邸之间有块空地，供双方往来走路使用。后来吴家要建房，想占用这个通道，张家不同意，双方将官司打到县衙门。县官考虑纠纷双方都官位显赫，不敢轻易了断。这期间，张家人给在朝为官的张英写了一封信，请求他出面干涉此事。张英在回信中写了四句话："一张书来只为墙，让他三尺又何妨？长城万里今犹在，不见当年秦始皇。"家人明白其意后，主动让出三尺空地。吴家见状，深受感动，也主动让出三尺，这样就形成了一个六尺宽的巷道。后来"六尺巷"的故事成为美谈，现今在"六尺巷"西边的石牌坊上刻着"懿德流芳"四个大字。"六尺巷"一幅"宽容"的画像，给了人们多少启发，真是值得细细品味。

包容，是团结的利器。一个善于包容的人，往往是有人性、有人缘、有人气的人。包容能够给人尊重、给人面子、给人余地，乐人之长、容人之短、体人之忧；也能够化消极因素为积极因素，减少内耗，感化异己；还能够博采众长，借力造势，乘势而上。团结才能形成有利于个人心情舒畅，又便于统一意志，整体蓬勃向上的局面。团结是一种很重要的能力，是一个人在思想基础、胸怀气度、脾气秉性和情感交流等方面的内功，每个人都需要长期修养历练。团结所带来的意义和价值，有时是意想不到的，团结出快乐，团结出情谊，团结出健康。

古　语：

　　能下人，故其心虚；

　　其心虚，故所取广；

　　所取广，故其人愈高。

——〔明〕李贽《焚书·高洁说》

（三）水之性在柔，故能以柔克刚。我们应该练一练那如水的柔顺。

　　一柔百顺成大德，柔韧随和不受挫。

　　柔弱力久能摧坚，柔软之身长生多。

《道德经》第七十八章说："天下柔弱莫过于水，而攻坚强者莫知能胜，其无以易之。弱之胜强，柔之胜刚，天下莫不知，莫能行。"这段话的大意为，世间没有什么事物的柔弱能够超过水，但是成功地冲击坚韧的东西也没有什么能够胜过水，因为水是任何物质都无法取代的。弱小能够战胜强大，而柔弱能够战胜刚强，天下没有人不知道这个道理，但真正施行起来也没有人能做到。这一段话，老子抒发了对水柔性之美的感慨，也渗透了对人性修养的期待。

柔顺，更具有冲击力。水至柔，却无坚不摧。水在长年累月的点点滴滴中，可以把一块巨石穿破；奔流起来不可遏止，无形、无状、无常；剑刺不能伤害它，棒击无法打碎它；刀斩不会断，火烧不能燃；锋利无比，可以磨灭金石；强健至极，可以承载舟船。水为什么具有如此大的威力呢？就是因为它柔软润滑，所以能够出于无有，入于无间，攻坚克强，无可匹敌。人要是能做到如此低调而厚积薄发，力量不仅不会削弱，反而会更强大。一个人真正的强大不在于外表，而在于内心，内心的强大不是锋芒毕露，而是平静似水。要学会倾听、忍耐、接纳和服从，内外兼修，把心智历练得平静柔和，柔中有坚，弱中有强，含而不露，善于在轻松自如的心境中实现自己的愿望，获得理想的生活。

柔顺，更具有生命力。水蕴含着韧性，具有旺盛的生命力，生存的余地极大，存活得更持久。有一则故事就说明了这个道理。老子的老师常枞得了重病，自知将不久于人世。老子匆匆赶来问候老师。他先询问了老师的病情，然后对老师说："先生的病确实很重了，有什么教导要嘱咐弟子的吗？"常枞张开嘴给老

127

子看，问："我的舌头在吗？"老子说："在。"常枞又说："我的牙齿还在吗？"老子说："不在了。"常枞问："你知道这是什么道理吗？"老子说："舌存而齿亡，这是刚强的东西已经消亡了，而柔弱的东西还存在。"满齿不存，舌头犹在，无为而作，才能完成应当所为之事。人活着的时候，身体柔软脆弱，死后尸体就变得僵硬坚挺。草木活着的时候，又柔又软，一死就变得枯槁坚硬。因此，柔弱的东西是蕴含生机的东西，刚强的东西是走向死亡的东西。树木太坚硬，容易被吹折，皮革太坚固，容易被扯裂。坚强的东西能胜不如自己的东西，柔弱的东西则克超过自己的东西。在现实生活中有一个普遍现象：性格柔和的人，往往比性格刚烈的人活得轻松自如；女性的寿命普遍比男性更长一些，虽然原因是多方面的，但有一条是共同的，就是女性比男性的性格更柔和，身体的韧性和耐力比男性更强。

柔顺，更具有亲和力。人们常说这样一句话：和舒服的人在一起，本身就是在养生。因为舒服的人，除了自己舒服，还能让身边的人心情舒畅。柔顺的人就是舒服的人，他们通常都是随和、圆融、有耐心的人。这样的人天性善良、懂感情、有人缘，有良好的禀赋和素养。他们待人坦诚、体贴周到、和蔼可亲，让人没有陌生感和距离感，不起反感和芥蒂心。比起咄咄逼人，他们更能够赢得人心，得到尊重，取得支持，更容易获得成功。他们轻松的心态、深情的注视、会心的微笑、幽默的谈吐、谦和的礼让、真诚的关心，犹如初春的一丛鲜花、盛夏的一缕清风、深秋的一片红海、隆冬的一束阳光，温暖人、激励人、感化人，既让他人心生欢喜，也能让自己的心智不断得到滋养和升华，情绪会更加平和与饱满。

古　语：

　　天下之至柔，驰骋天下之至坚。

——〔春秋〕老子《道德经》

（四）水之性在智，故能顺势而为。我们应该练一练那如水的睿智。

　　随弯就曲顺势流，方向一明任路由。
　　哪来前程无限好，必是知者多智谋。

古往今来，人们常把智者比作水，这是说聪明的人具有水一般的灵性。人赋予了水的灵性，就有了诗一般的意境，有了令人期许的潜能，有了游刃有余的韧性。人类对于智慧的渴求是无穷无尽的，智慧对人类的贡献也是无穷无尽的。我们应该在品味"知者乐水"的意涵中，汲取人生智慧的营养，做聪明人，办明白事，过顺心的日子。

睿智者，总是适时探寻前进的方向。无论是涓涓细流，还是滔滔江河，它总是随形就势，顺势而为，事毕功成。作为社会的一员，一生中总是要不断地面临生活、事业、情感等方面的选择。就个人进步而言，一个人在关乎前途的大事上，几乎每隔三五年就面临一次调整，这本是一件劳心伤神的事情，如果选择

129

不正确，不仅影响未来发展，也会给身心健康带来伤害。人这一生最终顺利不顺利、成功不成功，很大程度上取决于关键时刻如何选择。所以，一个真正聪明的人，关键时刻不能含糊，应审时度势，研判利弊得失，理性做出取舍，准确把握前进的方向。这个关键点抓住了，发展基本不会差。

睿智者，既知人又自知。水晶莹剔透、明镜澄澈，自身光明磊落，又辉映日月华彩。《道德经》第三十三章说："知人者智，自知者明。胜人者有力，自胜者强。知足者富，强行者有志。"意思是说，能了解别人的称为机智，能认识自己的叫作聪明。能战胜别人的只能说明有力气，战胜自己的才叫强者。知道满足者才感到自己富有，能身体力行才说明他有远大的志向。现实生活中，了解别人很难，真正了解自己更不容易，但这都是生存的基本功。了解别人，才能取长补短，更好地与人打交道；了解自己，才能扬长避短，不断地完善自我。无论是了解别人还是了解自己，都需要有一颗澄澈透明的心，头脑清醒，视觉敏锐，思想透彻，既能准确地看待别人，明鉴良莠，也能客观地认清自己，找准定位。这样才有利于最大限度地调动和利用积极因素，保护自我。

睿智者，善于迂回处事。水是以迂回见长的典范。有一则故事说明了迂回智慧的重要。春秋时期，齐景公很喜欢养鸟，他让臣子烛邹看管一只鸟，可烛邹不小心，让这只鸟飞了。齐景公非常生气，要杀烛邹。齐国国相晏子知道此事后，命人绑了烛邹，当着大王的面数落他的罪行：其一，大王的鸟竟然让你放飞了；

其二，你放飞了大王的鸟，惹得大王为一只鸟而杀人；其三，你死了不要紧，可是大王为一只鸟而杀人的事情传出去，其他诸侯国的国君和国民会笑话我们齐国国君把一只鸟看得比人的生命还重要，这不是败坏大王的声誉吗？有此三条，烛邹该杀。齐景公闻言笑了，说："赶快放人，我明白了。"

当一事来临，人的第一反应往往具有冲动的成分，通常不是解决问题的最佳方案，特别是在一些大事、难事面前，如果直来直去，贸然行事，甚至"一条道跑到黑""不撞南墙不回头"，结果肯定不是最理想的。说一个人办事老到、会处事，很大程度上是指他懂得迂回的策略，具有驾驭迂回的技巧，能够解难为易，化险为夷，变不可能为可能。生活中总会遇到棘手的问题，难免经受挫折，此时人们常说"办法总比困难多"。这也许是提醒你，该转弯了，当一条路走不通时，可以试着换种方法、换个角度、换条路来走，说不定事情会简单许多。执着和坚持固然可贵，但懂得反思和选择，同样是一种优秀的品质。工作和生活中，多一些迂回的智慧，往往会收到意想不到的效果。

古 语：

曲则全，枉则直，洼则盈，敝则新，少则得，多则惑。

——〔春秋〕老子《道德经》

（五）水之性在动，故能常流不腐。我们应该练一练那如水的灵活。

水以常流而不腐，动中求变竟自由。

顺势而为得先机，浩瀚为海出平湖。

水的灵动，可以说无与伦比。它因时而变：夏为雨，冬为雪，夜结露珠，晨飘雾霭，晴呈祥云，阴披霓裳；它因势而变：舒缓为溪，陡峭为瀑，深而为潭，浩瀚为海；它因形而变：遇圆则圆，逢方则方，直如刻线，曲若盘龙；它因机而动：动而生活，活而游进，进而生机无限。一句"问渠那得清如许，为有源头活水来"，就道出了灵活之于生命的规律。灵活既是原则，又是方法，既是做事成功的关键，又是心理保健的良方。因此，人们在慨叹大自然的神奇，赞叹水的灵动的同时，应该不负天赐，适时把自己"摆进去"，从中获得更多教益。

灵活者，善于与时俱进。水总是因势利导，不断探寻前进的方向，欢腾地向着前方进发。时代在进步，世事在变化，人的思想、观念、步调必须跟上这种节拍，才能搭上时代的"快车"，享受到时代的"红利"。因此，要培养敏锐的眼光、灵活的思维、务实的追求，及时嗅觉时代的气息，紧扣时代的脉搏，跟上时代的步伐，适时地换脑筋、调方向、变节奏，让自己轻松愉快地与时代同行。这样才能不落伍，不会在被动落后中唉声叹气。

自
然
自
得

132

积极进取的人，无论干事业还是过日子都要有紧迫感、新鲜感和成就感，内心自然便充满了激情。

灵活者，善于适时挪动。水因择地而成江河湖海，在不断选择最佳归处的过程中成就了自己的辉煌。同样，人的生存与发展需要天时、地利、人和等多种因素来保证，那么如何使自己的路走得更顺更远呢？方法固然不少，但适时地挪动肯定是一种明智的选择。俗话说，树挪死，人挪活。在特定的时间、地点、情势下，能够找到最适合自己的位置，再高明不过。当一个地方生存困难，发展受限，矛盾不好调和，不妨换个地方试一试，就可能出现另一番景象。即使暂时看来一切安好，如果有更好的机会，有远大抱负的人也应勇敢地迈出更大的一步。当然，挪动并不是见异思迁、瞎折腾，而是预判在先，谋定而后动。

灵活者，善于变通思维。世有古今，时有寒暑，地有南北，势有强弱，人有优缺。动静屈伸，唯变所适。变则新，不变则腐；变则活，不变则板；变则通，不变则滞；变则强，不变则衰；变则存，不变则亡。一个聪明而成功的人，通常都善用维新之道，因适时变通而成为生活中的赢家。简简单单的生活固然最好，但现实中没有多少随随便便的成功，艰难困苦是必然经历的，矛盾阻力也不可避免，只有开动脑筋，巧谋妙用，才能因势利导，扭转局面，进而赢得成功。倘若真的如此，人生也会多一些平顺，少一些坎坷；多一份乐观，少些许惆怅。

古　语：

穷则变，变则通，通则久。

——《周易·系辞下》

（六）水之性在勇，故能一往直前。我们应该练一练那如水的从容。

飞流千尺惊九天，奔涌向前无阻拦。

坚定方有从容在，一身洒脱心自安。

九曲黄河，纵然关山层叠，百转千回，雄浑豪迈的脚步未曾有片刻停歇；千尺飞瀑，哪怕悬临绝壁，礁岩纵横，奔涌而下的气势依然是声震穹宇。"飞流直下三千尺，疑是银河落九天。"其境是何等雄壮，其意是何等洒脱，真是令人心神荡漾、爽快至极。联想到人这一生的奔波劳顿，有多少时光真正是与欢快同行的呢？在纷繁的岁月里，人们所需要的不正是多一些如水的从容与洒脱吗？

从容者，临事果决而不惧怕。水流百丈山间而不惧，一泻千里而不回，总是展现出一股从容不迫的劲头。我们在工作和生活中，总会遇到各种困难，有时会面临举棋不定、进退两难的处境，这时最需要的是冷静面对、清晰研判、果断决策的良好素养，能够在最佳时间做出正确决断。在决策过程中，缜密与谨慎是十分必要的，但忌过于谨小慎微。一个人不能总是在怯懦和犹豫中生活，唯唯诺诺，患得患失，哪怕是普普通通的生活，琐碎中总是面临选择，也要主见在先，特别是在一些大事上，要做到有魄力、敢担当、能拍板，"该出手时就出手"。

从容者，一往直前而不彷徨。水或气势磅礴，汹涌澎湃，或涓涓细流，心无旁骛，总是向前、向前。每个人要实现自己的理想，就要有不达目的决不罢休的劲头，一旦认准的路，就应该坚定不移地走下去。看一看周围的人和事，慢慢地，你就会发现，生活到底给予了我们什么？还不是"一往直前"。如果真的别无选择，那么，我们何不主动地去把握这个唯一最佳的机会呢？在前进的道路上，总会有十字路口，总会有诱惑，总会有障碍，这时最忌讳的是分心走神、畏缩不前、迷失方向，最需要的是坚定信心、下定决心、笃定恒心。要去除杂念，排除干扰，不为艰难所困，不因非议所惧，不被诱惑所扰。相信自己，才能战胜自己；自己不想变，别人就改不了；给自己加油，才是最大的动力。人有时需要这么一股子"冲劲"，如果能一路前行，那么这股"冲劲"滋养的是一颗越发强大的心。

从容者，活出自我而不憋屈。水是特别的写意，小有小的灵秀，如涓涓细流，如潺潺小溪；大有大的豪迈，如大河奔流，如钱塘潮涌。人活在世上，首先活的是自我，第一需求是实现自我存在的价值。有自我方有这个世界，没有自我一切与你无关。这个自我，是对生命的尊重，对人性的正视，对生活的热爱。在漫漫人生路上，更多的时候是被琐碎生活缠绕，在纷纭的寰宇里，没有哪一片"灿烂的天空"是固定属于谁，只有自己去争取，别无他途。说得再具体些，就是要正视生命的自然价值，恰当地解放自我，培育自我，释放自我；重视生命的社会价值，人要活得更有尊严，更有自信，更有张力。在人生的路途中，没有什么比内心的畅快更实惠。在日常生活中，不要给自我设置过于敏感的"屏障"，戴上烦冗扰人的"枷锁"，紧闭密不透风的"门窗"，而是要克服封闭、拘谨的心态，改掉扭扭捏捏的姿态。要给自己的心灵留有一块独立的空间，不要被别人"挤占挪用"，在那里根植你的意志，践行你的心愿，放飞你的理想，挥洒你的汗水，抒发你的情志，从而努力去赢得自如、洒脱、畅快的人生。毕竟，忠实于心灵的人生，才是真正的快意人生。

古　语：

　事从容则有余味，人从容则有余年。

——《六事箴言》

三、控一控自己的欲望

人这一生都是在处理国家、集体、个人三者之间的利益关系，在这个整体"框架"中生存和发展，在利益分配过程中，欲望的驱使发挥重要作用，而欲望对人健康的影响又是巨大的。我们有幸生活在社会制度先进、生产力发展、政通人和的伟大时代，人的积极性、创造性得到充分发挥，物质生活和精神生活条件得到极大改善。这些至关重要的因素都为人的全面健康发展奠

自
然
自
得

定了坚实基础，创造了良好条件。

每个人都要通过自己的奋斗，来报效国家、贡献集体、成就个人，在实现社会价值的前提下实现个人价值。人越优秀、越努力奋斗，社会价值体现得越充分，个人的成就感就越强，人也会更加心情舒畅、意气风发，与此同时，生活、保健、医疗等条件都相应得到改善，这些对人的身心健康都会产生积极影响。

欲望是人的一种本能，是推动力，但欲望也是一把"双刃剑"。合理、健康的欲望，能使人进步和成功；过分、不健康的欲望会让人迷失和颓废。所以，在对待这个关键问题上，我们都要做一个智者，不断培养自知之明、自控之能、自得之道，做到自己尊重自己，经常警醒自己，适时反省自己，不断激励自己，练就驾驭自己的真功夫。

（一）进退有据，成就自己。

欲望本为动力源，恰当而为意绵绵。

多彩人生何处觅，功夫就在平抑间。

有项举重运动挺富有启示：举得起，放得下，叫举重；举得起，放不下，叫负重。举重能健身，负重必伤身。这与人们在选择工作岗位、追求个人进步的道理上非常类似，必须量力而行、尽力而为才行。最了解自己的人是自己，最欺骗不了自己的人也是自己。如果说强人所难，会惹人不快，那么强己所难，也会让自己变得不快乐。

137

　　能进则进。天生我材必有用。当一个人有了一定的素质储备，具备相当的能力时，就要为社会承担一些责任。人都应有这份进取心，当机会来临时，积极参与良性竞争，选择适合自己的岗位，为社会做更大的贡献，这固然最好。客观上讲，适合每个人的岗位可能不少，但属于每个人的机会却不会很多，在最佳的岗位上做出最大的贡献，成就感肯定是大的，人的精神状态也会更加饱满。人这一生紧要处就那么几步，每一步都很较劲，所以，面对合适的机会，应当按照组织程序，坦坦荡荡、光明正大地去争取，没必要唯唯诺诺，过度谦虚。必要的准备工作没做好，使自己的优势被埋没，坐失良机，这也是一种资源浪费，事业受损失，个人留遗憾。

　　当退则退。仔细想一想就会发现，在拿起与放下之间的选择，其实就是命运的方向，如何拿捏这个"度"，就是在把握自己的命运。人若想选择一个好的岗位，起码参照这些条件：与法理相符、与德能相配、与勤绩相称、与情势相合、与天人相应，而且还要考虑自己的性格爱好、发展潜力等因素。很多时候，不是人在选岗位，而是岗位在选人。社会上每一个岗位都有它的特殊标准和要求，职位越高，要求越高。每个人的素质、经历、能力等情况都不同，所适合的岗位也有很大的局限性。特别是在人才辈出的今天，岗位竞争越来越激烈，即使适合，还有资历、形势等内外因素发挥作用，或者可能有更合适的人选。所以，人在面临选择的时候，一定要保持头脑清醒，客观准确地分析判断，不能"一厢情愿"。不具备条件的，不可作非分之想，不要陷入

"当局者迷"的旋涡，正可谓"退一步海阔天空"。试想一下，如果一个人不适合这个位置，即使争取到了，也很难干好，自己为难遭罪，别人也看不起。

一个人想要得到什么，最可靠的方法就是让自己的德能潜质配得上它，真正对自己负责，就应该清醒地对德能才学作出比较准确的定位，"量体裁衣"，做自己力所能及的事。

适当"留白"。"留白"就是给自己留回旋余地和发展空间，这是国人的大智慧，是处世之道，也是生存之道。"满招损，谦受益"，人不要把目标定得太高，给自己规划得太满，看到哪里都是机会，总是跃跃欲试，这样打的都是"无准备之仗"，反而"欲速则不达"。要给自己多留一些成长、积淀的时间，多积蓄张力，多储备潜力，把发展的主动权握在自己手里。人不必"装"得太满，不要把路走死；也不可太强势，压得自己喘不过气来，那样会失去更多机会。人无完人，一颗谦虚的心会带来许多好处。

古　语：

能屈以为伸，让以为得，弱以为强，鲜不遂矣。
——〔西晋〕陈寿《三国志》

（二）取舍有度，保护自己。

取舍似为一念间，根源却在价值观。
渐而知著当警惕，慎独不贪人自安。

取舍之间，是由法律、制度、道德来约束的，但因为它最初的动因是隐性的、一些行为是隐形的，这个约束有时可能会来得迟一些或软一些，因此一些人就陷入了欲罢不能、欲壑难填的窘境。正所谓，取舍之间有杆秤，难在秤杆摆不平，这杆秤的"定盘星"就在人的心里。

当取则取。劳动创造幸福，奋斗改变人生。公平的社会环境，保障了人们合理地获得劳动报酬和利益。按劳取酬，多劳多得，心安理得，光明正大。大家要踊跃创业、就业，积极投入到中华民族伟大复兴的建设事业中来，到市场经济大潮中寻找商机、创造财富，分享国家政策带来的红利，主动致富、勤劳致富、依法致富，心情舒畅地创造美好生活。要摒弃"等、靠、要"的懒惰思想，克服患得患失的保守观念，不要在懈怠中徘徊，不要在被动中消沉。另外，多劳多得也要多养，收入多了，自己的身体也要多"摄取"，适时地补偿，适当地休养生息，让付出与回报形成良性循环。

许多科学家和大学者都长寿，他们勇挑重担、不断进取，终身学习研究使大脑保持活力，而学习和研究又能不断给人带来快乐和自我满足感，他们活出了人生的价值和意义。所以，这种"取"就显得更有意义，也更能持久地激励人。

当舍则舍。《道德经》第四十四章说："名与身孰亲？身与货孰多？得与亡孰病？甚爱必大费，多藏必厚亡。知足不辱，知止不殆，可以长久。"老子感慨道，名誉与身体哪个更值得珍惜？生命与财富哪个更重要？获得与丧失哪个更有害？所以，过于追名逐利，必定要付出巨大的代价，过度积敛财富，必定会遭致惨重的损失。懂得满足就不会受辱，懂得适可而止就不会有危险，这样才能长久生存。

看一看历史上的教训，有多少人因利欲熏心、恶性膨胀而身败名裂。秦始皇如果不为取悦美人大修阿房宫，民众不会那么快造反。清朝中期权臣和珅，曾任清朝数十个重要职务，又是皇亲国戚，可他结党营私，大肆贪贿，打击政敌，他聚敛的财富超过清朝政府15年的财政收入总和，可谓贪得无厌，乾隆帝死后15天，嘉庆帝就赐和珅自尽，和珅死时才49岁。

现在有个很流行的词叫"断舍离"，听起来透着一股决绝的"狠"劲，但在这里讲也不失恰当。现在人们的生活条件大大改善，正常的需求都能得到满足，我们赶上了好时代，都应该懂得感恩、知足，保持头脑清醒，善于"剥离"纷扰繁杂，对那些超标准的、不合时宜的、不健康的需求，要果断放弃，失去的就不再留恋，不现实的就不要妄想。

还有一种观念需要强化。在大是大非面前、"小我"与"大我"之间，应有更高的境界、更大的情怀，跳出自我的"小圈子"，特别是在国家不断深化改革、涉及各种利益关系调整的情况下，要舍小利、取大义，舍小家、为大家，舍近利、谋远功。舍是为了得，退是为了进，对国家、集体、个人都有利。

当止则止。《抱朴子》说："夫策奔而不止者，鲜不倾坠；凌波而无休者，希不沉溺。弄刀不息者，伤刺之由也；斫击不辍者，缺毁之原也。"道出了知止的重要性。

　　人要学会保全自己，不要在"看不见的战线"硬把自己推到风口浪尖上去。要摒弃那种颠倒、错位的追求，及时矫正偏差，找到真正属于自己的生活。首先，要确保在政治上安全可靠，绝对不做与党和政府离心离德的事，不做法纪明令禁止的事，不做游走在政策边缘打"擦边球"的事，心正则身安。其次，要摒弃贪婪奢靡的思想倾向，不贪图不属于自己的东西，不追求骄奢淫逸的生活，不挥霍浪费。最后，要在生活习惯上有所禁忌，克服过度吸烟酗酒、长期熬夜玩乐、频繁应酬交往等损耗身心健康的习惯。

　　古　语：

　　　　富与贵，是人之所欲也，不以其道得之，不处也；
　　　贫与贱，是人之所恶也，不以其道得之，不去也。

　　　　　　　　　　　　　　　　　　——《论语·里仁篇》

　　（三）得失有常，爱惜自己。

　　　　　倾听心之唤，吾生爱平淡。
　　　　　若中生活意，何计忧与烦。

　　得失之间创造了多彩的世界，也造就着纷繁的人生，生活每天都在继续着。老子说："故物，或损之而益，或益之而损，人之所教，我亦教之；强梁者不得其死。吾将以为教父。"老子认

自
然
自
得

142

为，得失之间是一种转化律，有得必有失，有失必有得。这个辩证法思想，无论你认不认可、愿不愿意接受，它都是客观存在的。

在奋斗的征程上，有许多挥洒自如、如沐春风的成功人士，这自然是人生的快乐，再好不过。然而，还有一些人就没有那么得意，他们在世俗的欲望中如进了"迷局"一般，有人痴迷着，有人挣扎着，有人痛苦着，可以说是饱受煎熬。主要原因在于对成功"秘籍"看不透、想不开、跳不出，关键是缺少一颗平常心。这颗平常心，是要靠智慧来滋养的。

得之淡然。无论是职位还是物质利益，得到了，那是国家和社会对一个人素质、能力、付出的认可和回报，是组织培养关爱、同事支持帮助和个人努力奋斗的结果，在欣然接受的同时，应客观看待取得成功的原因，其实现在的你与之前的你没有什么不同，本来就没有什么可以炫耀的资本，还是保持"一如既往"的状态最好。要心怀感恩，树立自信，强化责任，把主要精力放在不负所望上。毛泽东同志在中国共产党执政前夕提出的"两个务必"要求，至今对我们每个人来讲都非常重要。谦虚、谨慎、不骄、不躁，艰苦奋斗，这也是每个人的政治本色，是每个人持续前进的动力，是赢得成功的基石。民间有"富不过三代"的说法，当然是不够客观的，可能只是个别现象，但确实有镜鉴和警示意义，它是在告诫人们要"永不忘本"。取得一些进步，要放平心态，珍惜岗位，再接再厉。

失之坦然。人们常常为失去的东西而难过，为得不到的东西而遗憾。这是人间百味中的一种，无可厚非，这才有了总结反思的重要。但是，问题并不那么简单，这里的关键在于：首先，是不是看清楚了，你想得到的是不是你该得的，你不想失去的是否与你有关，把这个"迷局"看清楚了，就会有"不畏浮云遮望眼"的轻松，你看待问题的角度就会有很大转变；其次，是不是想明白了，即使该得到的失去了，能不能坦然地接受，其实你适不适应对于这个结果已经不重要，关键是影响你以后的选择。所以，培养自我调节能力很重要。调节就是转换、认可和适应。只有尽快从失落中解脱出来，真正放下，才会有新的开始。

孔子55岁时周游列国，没有得到任何国家重用，60多岁才返回鲁国从事教育和编书。春秋末期，诸侯国都忙着征战兼并，仁义之道是难以被采用的，但孔子很豁达，他知道自己的天命如此，无法成为治世能臣，从而专心创造宝贵的儒学经典，因建树卓著而成为享誉古今中外的伟大思想家、教育家。他于73岁去世，在那时已经算是高寿。

在一个群体中，大多数人都处于同一个平台上，所处的环境、条件、经历、能力水平都差不多，最终发展得怎么样、生活过得如何，主要取决于心态，特别是对待逆境、挫折的态度。许多人的成功，并不是环境有多顺利，而是内心足够强大。人要拥有一种乐观精神，培养一些豪迈的气概，练就一颗强大的心脏，坦然面对纷繁复杂的生活。过去的就让它过去，生活还在继续，一夜过后太阳照样从东方升起，还有新梦想在召唤，挥挥手，再出发，张开双臂去拥抱充满希望的明天。

恬淡怡然。一个人的承载力是有限的，人生实属不易，生计和琐碎已经占据了生活的大部，那颗本已脆弱的心还能承载多少呢？只有容易满足的人才是富有的、快乐的；不知足就会永远跟着欲望跑，而欲望是无止境的，那么人就会无休止地生活在痛苦中。

生活就像射箭，理想好比拉满弓弦上的箭头，现实就是对面的靶环，瞄准的都是靶心，而中十环的少之又少，能上靶就算不错，脱靶也是常有的事。浙江杭州灵隐寺内有这样一副楹联："人生哪能多如意，万事只求半称心。""半称心"的生活，被林语堂先生称为"中国人所发现的最健全的生活理想"。这是几千年来社会人生经验教训的精辟总结。早在晋代，葛洪就曾劝导人们说："乐天知命，何虑何忧？安时处顺，何怨何忧哉！"人生难免经历不测，事情并不都是按照我们所设计的路线图行走的，生活中有许多我们乐见的顺意和快乐，但麻烦和失意本身也是生活的一部分，毕竟平平淡淡才是真。所以，拥有一颗恬淡的心比什么都重要，这绝非一种自我安慰，也不是一种得过且过，而是对生活本意的看重，是对美好生活的追求。

古　语：

笑一笑，少一少；恼一恼，老一老；

斗一斗，瘦一瘦；让一让，胖一胖。

——〔明〕胡文焕《类修要诀》

第四章　自然地摄取生命营养

【提要】

人靠摄取营养来维持生命和享受生活。摄取是生命的前提，而科学摄取则是健康的保证，其中蕴含人间固有的生活模式和深刻的生活哲理。这个模式，就是让人体自然变化和生理运动规律与摄取营养的活动规律以及营养物质本性协调一致，使身体的新陈代谢和能量储备处于良性循环状态；这个哲理，就是简单中有讲究，讲究中求简单，简单不随意，讲究不刻意，一切顺其自然。

摄取营养是人的本能欲望，常以快乐相伴，因而增加了管控的难度。如果不加节制，就会出现吃出来的病、跑出来伤、乐出来的祸；只有取之有道，物为所用，才能合理均衡地摄取营养，使生命充满活力，把健康和快乐进行到底。

《黄帝内经·素问》有一段话很经典，大意是：天覆于上，地载于下，天地之间万物齐全，但没有什么比人更尊贵的。上古时候的人，会养生的能够按照自然界的变化规律而起居生活，并加以适应、调和，以使之趋于正确。饮食有节制，作息有规律，不过度操劳，所以他们的形体和精神都很旺盛，相互协调统一。

这是多么令人向往的境界呀！世间最为宝贵的是人的生命，健康是人最美好的愿望。而这一切只有在顺应自然中才能得以实现。因此，我们必须尊重生命生长的自然规律，遵循生命生长的自然过程，遵从科学的摄养方法，使生命得以自然发展。

一、把健康作为目标来追求

健康长寿，无疑是人生的主要目标。只是养生这个"系统工程"具有综合性、复杂性、长期性以及不确定性等特点，目标实现，来之不易。有了目标，才利于不懈努力。我们应该强化长寿的目标意识，并把它作为家族的养生目标，一代代追求下去。

（一）人的寿命可以更长久些

万物悉备人最贵，天赐本寿上百岁。

自然生长一过程，全赖后天来匹配。

人的长寿是怎么实现的呢？《黄帝内经·灵枢》中有一段关于如何使人长寿的对话。问："人之寿夭各不同，或夭或寿，或卒死，或病久，愿闻其道。"答："五脏坚固，血脉和调，肌肉解利，皮肤致密，营卫之行，不失其常，呼吸微徐，气以度行，六腑化谷，津液布扬，各如其常，故能长久。"书中所给的答案是这样的：五脏充实强健，藏而不漏，血脉和顺协调，肌肉放松通畅，张弛有度。皮肤致密，血管里的气血和细胞间的气运行不失常，呼吸徐缓，气血运行与呼吸保持一定的节奏。六腑消化谷物，并把所化生出的精微和津液传布到周身各处，使身体各部分能正常运行，如此寿命就可以长久。

我国目前长寿人口的现状也具有榜样意义。据中国老年学会2019年6月统计，我国健在的百岁老人达58 789人；年龄最大的是新疆疏勒县维吾尔族女寿星阿丽米罕·色依提，133岁(于2021年12月去世，享年135岁)；百岁夫妻的榜首为河南省禹州市一对老夫妻，合计年龄215岁；东北三省最长寿的老人是辽宁省本溪市的一位女性长者，115岁。百岁老人中，女性占3/4，居住乡村的占7/10。百岁老人最多的省份（自治区）是海南、广西、安徽。

据2019年统计，中国人的平均寿命为77岁，男性73岁，女性79岁，比过去有了大幅提高，但在世界上排名为53位。而同在亚洲的日本人平均寿命为84岁，男性81岁，女性87岁，排名世界第一。韩国人平均寿命为83岁，男性79岁，女性85岁，也比我国高出不少，而且这些与人预期的自然寿命还有较大距离。所以，我们在养生上潜力是巨大的。

古　语：

是以圣人为无为之事，乐恬淡之能，从欲快志于
虚无之守，故寿命无穷，与天地终，此圣人之治身也。

——〔战国〕《黄帝内经·素问》

（二）养气血是一个人健康长寿的根本所在

先身之生是精气，化为气血成元气。

阴阳平衡则聚气，养足气血缓滞气。

《黄帝内经·素问》最早提出了关于气血的学说，明确提
出："人之所有者，血与气耳。"气是人体的动力，血是这个动
力的源泉。气血是生命之本。它还进一步指出："天地者，万物
之上下也；阴阳者，血气之男女也；左右者，阴阳之道路也；水
火者，阴阳之征兆也；阴阳者，万物之能始也。"意思是说，天
和地，分别在万物的上部和下部；阴和阳，如血气与女男之相对
待；左和右，是阴阳运行的通道；水和火，水属寒性，火属热
性，它们是阴阳的征象。总之，阴阳变化是万物生长的原动力，
更是人的血气之本。

这段话中提到了两个概念，一个是关于阴阳，本书最后一章
将专门作介绍，这里理解为一个事物对立统一的两个方面即可。
另一个是关于气血的概念，专业性很强，中医有详尽的论述，我
们能够了解它的机制，对于养生来讲也说得过去。气血是一个对

立统一的整体，异名同源，又汇合为一。从阴阳属性的角度来讲，气属阳而生于阴，血属阴而生于阳。血从火化，气由水生。从清浊动静的角度来讲，气主动而轻清，血主静而浓浊；血以心为主，气以肺为司；一表现为呼吸，一表现为循环；一主要起生化推动作用，一主要起资营补养作用。概括地讲，可以这样理解：血本于气，气寓于血，既互相依附，又互相转化；气为血之始，血为气之母，气无血不载，血无气不行；气帅血，血统气，气行则血行，气滞则血滞；血瘀气亦郁，血少气亦衰；气温则血行滑利，气寒则血行涩滞；气治血治，血足气充，气病血亦病，血脱气亦亡。总之，气血两者浑然一体，不可分割。

身体内精、气、血、津、液的相互新陈代谢，都是靠气来实现的（这一能量转化的过程叫作气化）。人体气足，气化功能就强；人体气虚，气化功能就弱。气化功能强大，可以化邪、化湿、化寒、化毒、化脂、化瘤，祛百病。"气聚则生，气散则亡。"

那么，气是从哪里来的呢？《黄帝内经·灵枢》说："何谓气？岐伯曰：上焦开发，宣五谷味，熏肤、充身、泽毛，若雾露之溉，是谓气。"这就是说，上焦将饮食精微之物发散分布至周身，能够温暖肌肤、充实形体、润养毛发，犹如雾露对各种生物进行滋润一般，这便称为气。通俗地讲，气是人体最基本最精微的营养物质，来源于水谷与呼吸，宣行于心肺与全身，从而成为血液运行的根本动力。

血又是从哪里来的呢？《黄帝内经·灵枢》说："中焦受气

取汁，变化而赤，是谓血。""脉者血之府也。"这就是说，居于中焦的脾胃受纳饮食，将其中的精微之物吸收，通过气化将其变成红色液体，这便称为血，从而流行于脉道中，滋养着人的肌体和生命。

《黄帝内经·素问》中有一段话，凝练出了血液的生化运输及其主要的微妙功能。也就是说，饮食进入胃中，所生化的谷气输注于心，心用以充养血脉，脉气流行在经络里，而上归于肺，肺在汇合百脉以后，就把精气输送到皮毛。脉与精气相合，流注到六腑中，六腑的津液又流注于心肝脾肾。精气的输布，总体上要归于肺，从气口的脉象可以看出肺脏的情况，据此判断人的身体健康状况。

《黄帝内经》告诉我们，人体的行为、思维和脏腑运动是由气血和阳气来支撑的，如果阳气不足、气血缺失，就会造成身体的衰败，而且人的衰老是和年龄相伴随的。衰老是从脚下一直往上，这是气的兴衰过程，气停滞在哪儿，人的衰老就跟到哪儿。

既然气血这么重要，那么是不是多多进补，就会拥有健康的体魄呢？这是许多人的误区。"气有余即是火，气缺乏即是寒。"气大伤血，气过分了，血就会虚。

"气血"本身是个大概念，养气血是一项系统工程，千万大意不得，从大的原则上应该把握四点：一是要树立养气血就是养生的理念，把养气血当作养生的"总开关"；二是要按照气血生成的要素进行食补，汲取足够的营养；三是要遵循气血阴阳平衡的规律，恰当适当，勿过勿急；四是对于身体的健康状况要重视从气血盈亏去找原因，实施合理的调养。总之，天地万物阴阳调和，才会风调雨顺、五谷丰登；人体气血阴阳平衡，才会底气十足、容光焕发、百病不侵。

古　语：

盖人之始生，本乎精血之源；

人之既生，由乎水谷之养。

非精血无以立形体之基，

非水谷无以成形体之壮。

——〔明〕张景岳《景岳全书·论脾胃》

（三）培养家族的养生长寿意识

水以长流成江海，人因高寿至尊来。

我的健康我做主，追求一代接一代。

人类健康长寿涉及许多因素，联合国卫生组织认为主要取决于五个方面：遗传因素占15%，社会和环境因素占10%，医疗服务占8%，气候因素占7%，而健康的生活方式（自我保健）占60%。这个结论把自我保健排在第一位，把遗传因素排在第二位，足见这两方面对于健康长寿的重要性。因此，医学界有句很流行的话，"你的健康掌握在你自己手中"。

有人对90岁以上高龄的老人进行调查发现，一个人要高寿，需要有家庭的遗传因素，这个人的父母、祖父母、外祖父母，这六个人中至少有一个人是高寿者，尤其是不能有一个是早病亡的。

中国人有个很好的传统，就是家族观念很重，都希望自己的家族成为"名门望族"，并且在努力追求着。实际上，一个兴旺的家族是几代人长期多方面努力奋斗积淀而成的，其中很重要的就是注重颐养生命健康，实现人丁兴旺。

总的来讲，人的寿命和健康状况主要取决于先天禀赋和后天调养两个方面。

先天禀赋，是一个人出生之前由父母孕育而成的，所以父母的基因对其身体素质基础具有决定性作用。从实质上讲，孩子从出生到10岁左右这段时间的成长，主要靠父母的养育。所以说，父母科学育儿的观念，对一个家族的兴旺有至关重要的作用。

后天调养，是对先天禀赋的补充、助力和发展，它不仅可以使强者更强，使弱者变强，而且前一代的努力进化，就会成为后一代的基因。因此，身体健康不仅是自己的事，也是家族建设的大事，无论从哪个角度讲，都是极其重要的。观念对每个家庭成员生活都产生潜移默化的影响，也影响家风的形成。因此，大家都要树立养生长寿的意识，把养生当作相伴一生的"主业"，力争成为一名健康长寿者。一个人影响一个家庭，一个家庭形成一套好习惯，一代给一代带好头，一辈为一辈打基础，一茬接着一茬向健康长寿迈进，让养生文化在家族蔚然成风，就会使家族基因不断得到改善、进化、向好。这应当成为每个家庭成员的共同理想和奋斗目标。

古　语：

故凡养生，莫若知本，知本则疾无由至矣。

——〔战国〕《吕氏春秋·尽数》

二、融入大自然

现在，人们普遍对大自然充满渴望，这是解决温饱问题后人们对美好生活的纯粹追求。《黄帝内经·素问》有句很经典的话："人以天地之气生，四时之法成。"指出人是依靠天地之气和五谷精气而生存，要顺应四时之寒暑而有规律地生活。先天主生，后天主成。大自然是生长之本，人一刻也离不开它，越是追求生活品质，越是需要它。

阳光、空气、水、蓝天和白云，是人类共有的财富，是世界上最珍贵的东西。它们虽然都是免费的，却比黄金还要金贵，能够得到多少它的"恩赐"，很大程度上取决于人们对它的态度。现在，我们必须以最虔诚的心意、最文明的理念、最友好的行动来对待大自然，共同养护好大自然。珍惜绿水青山蓝天；到大自然中去汲取天地之精华；感悟大自然之真谛，修炼自然自得的心态。

（一）不可或缺的"日光浴"

阳光乃至宝，谁都离不了。

最是助健康，随时随地找。

《黄帝内经》中对运用太阳养生的描述有很多，比如提出夏季"无厌于日"，冬季"必待日光"，都说明人体对太阳的依赖。《本草纲目拾遗》中，把晒太阳作为一种专门的疗法进行论述，说它能"除湿止寒澼，舒经络（痼冷，以体曝之，则血和而病去）"。凡寒湿之邪闭阻经络而致的疾病，都可以用晒太阳的方法进行治疗。《备急千金要方·少小婴孺方上·初生出腹第二》中说："凡天和暖无风之时，令母将儿于日中嬉戏，数见风日，则血凝气刚，肌肉牢密，堪耐风寒，不致疾病。若常藏在帏帐之中，重衣温暖，譬犹阴地之草木，软脆不堪风寒也。"这是讲儿童日光浴的好处，这与近现代人的认识是完全一致的。

在寒冷的冬季及其前后那段时间，人的大脑中对阳光依赖性很强的松果体明显受到影响，分泌松果体素的能力随之下降，人体激素的分泌也会相应减少，使整个机体处于抑制状态，表现出情绪低落、精神不振、昏昏欲睡等症状，被医学界称为"冬季抑郁症"或"季节性情感失调症"。

阳光中的紫外线，一方面能够升高人体温度，扩张肌体血管，使人体的血流加快，皮肤和组织的营养得到改善；另一方面能够促进人体的新陈代谢和造血功能，使肌体的气化过程加快，肌肉和关节的活动性得到改善，酶类功能活跃，神经、免疫及吞噬细胞的活力增强。这不仅使人的情绪得以改善、精神得以振奋、体力得以恢复、机能得以加强，而且能够有效地合成肌体需要的一些物质，如维生素D、钙、磷等，对软骨病、风湿性关节炎等疾病起到一定预防作用。人们缺乏晒太阳，会导致大脑分泌的褪黑素增多，加剧人体困倦、乏力，还会抑制脑内"快乐激素"5-羟色胺的生成，催生抑郁。

日光浴一般以9—10点、16—18点为好，每天1～2次，每次30～50分钟。日光浴不宜时间过长，避免过强的太阳光照射，适当做好防护，防止晒斑、皮肤过早老化、皮肤癌的发生。

古　语：

负冬日

杲杲冬日出，照我屋南隅。

负暄闭目坐，和气生肌肤。

初似饮醇醪，又如蛰者苏。

外融百骸畅，中适一念无。

旷然忘所在，心与虚空俱。

——〔唐〕白居易

（二）到大自然中去呼吸新鲜空气

天德地气子人间，最美不过大自然。

杨柳清风常相伴，一轮明日照我还。

《黄帝内经·素问》说：气是生化万物之宗，人类赖气而生存。自然界的清新空气，是人体生命活动赖以维持的基本物质之一，人通过肺的呼吸活动排浊吸清。浊气出，则五脏调和；清气入，则五脏得养。

人们常在空气新鲜的环境中活动，就可以多吸入氧气。人体需要通过肌肉、脂肪、蛋白质等大量储藏氧气，满足能量消耗的需要。呼吸新鲜空气，可以改变呼吸功能，使肺泡通透性增加，气体交换功能改善，耐受缺氧能力提高，促进新陈代谢，减少疾病发生，还能令人神清气爽，提高工作和学习效率。

对于一个成年人来说，安静时的呼吸频率为16～17次／分，每天所呼吸的空气为10～12立方米。现在城市里的人们，无论是生活还是工作，每天几乎都处于相对封闭的环境里。户外有各种烟尘、废气、噪声，室内通常与外界隔绝，难见天日，很多人甚至不知四季变换，经不得风吹雨打，每天无精打采。有的人免疫系统"亮起红灯"，甚至患上了高血压、中风等疾病。

大家常提到"负氧离子"。它是指空气中的分子在高压或强射线的作用下被电离所产生的自由电子大部分被氧气获得，其中一类因此获得一些电子带负电荷的氧气离子。有人将负氧离子称为"空气中的维生素"，它具有环保和保健两方面的调节作用。具体来说，负氧离子主要通过呼吸道和皮肤被人体吸收，进入人的神经系统和血液循环，对人的机体生理活动产生影响。能降解中和空气中的有害气体，调节人体生理功能，消除疲劳，改善睡眠，预防呼吸道疾病，改善心脑血管疾病，降血压，增强机体免疫力。因此可以说，氧气是人体生命的"养气"，是人维持生命的基础。

在不同环境中负氧离子含量差异很大。有研究表明，在室内空调房内，负氧离子含量仅为0～25个 / cm^2，在城市街道绿化区，只有100～200 / cm^2，都市公园为1000～2000 / cm^2，郊外田野为5000～50 000 / cm^2，高山、海边为50 000～100 000 / cm^2，而在森林、瀑布区，由于植物丰富和水雾释放电子的影响，负氧离子含量高达100 000～500 000 / cm^2。在负氧离子达到5000～10 000 / cm^{2}以上的环境里，人们会感到神清气爽，舒适惬意。

现代人都在提倡讲究生活品质，其实，享受大自然就是生活最高的品质。生态文明、绿色低碳，已经成为历史发展到现阶段人民对美好生活的必然要求。要从转变生活观念、改变生活方式开始，把到大自然中去纳入你的日程，能去则去，可近可远，亦长亦短，说走就走，习以为常，亲近山水林田湖草，敞开怀抱呼吸新鲜空气，既陶冶性情、愉悦身心，又可吐故纳新、"洗洗肺"，还能为大脑细胞增添新的活力。可以说，无论从治标到治本，还是从养心到健身，多接触大自然，对保持身体健康都十分有益。

古 语：

故善摄生者，无犯日月之忌，无失岁时之和。

——〔唐〕孙思邈《备急千金要方》

三、平衡饮食

民以食为天，任何时候"吃"都是"天大的事"。"吃了吗？"这句问候语不知流行了多少年，如今"吃饱"已经不在话下，可如何"吃好"又成了一道难题。吃，既是简单的家常便饭，又是复杂的营养科学，里面有大学问，确实是一道耐人寻味的永恒课题。

《黄帝内经·灵枢》说："谷入于胃，以传于肺，五脏六腑，皆以受气。"《黄帝内经·素问》还说："五味入口，藏于肠胃，味有所藏，以养五气，气和而生，津液相成，神乃自生。"这两段话说的是，水谷之气的不断补充给养，产生了人体五脏之气、六腑之气、营卫之气等物质，以及由此产生的人体脏腑组织各种不同的功能活动，饮食中消化吸收的各种营养素，不仅是构成人体组织的基本材料，而且是机体生理功能的物质基础。

160

《黄帝内经》中多处提及、反复强调"饮食有节""五味调和""寒热适中"的思想，这是在告诫人们，人体吸收营养固然必要，但营养均衡同样重要，在日常生活中应多加注意。

（一）五谷为养

　　　　五谷为养，食物之长。
　　　　粗主细辅，餐餐登场。

　　《黄帝内经·素问》说："五谷为养。"是指五谷能够滋养五脏之气。"五谷"指的是哪些呢？在《黄帝内经·灵枢·五味》中提到了粳米、芝麻、大豆、小麦、小米。这里说明一下，这五种谷物以及以后提到的"五果""五畜""五菜"，都是区分甘、酸、咸、苦、辛"五种味道"而选择的有代表性的食物。随着社会经济和农业生产的发展，"五谷"的概念也在不断演变，我们可以把它理解为传统粮食作物的总称。

　　五谷杂粮中含有丰富的纤维素与矿物质，如维生素A、维生素B_1、维生素C、维生素E，钙、钾、铁、锌等微量元素。五谷杂粮是膳食纤维的主要来源，拥有大量能降低胆固醇、预防心血管疾病的不饱和脂肪酸，几乎能够提供人体必需的大多营养素，是最具营养价值的食物群。五谷杂粮是国人的主食。

　　"五谷"的营养价值：

　　粳米，为黏米，北方称江米，南方称糯米，有养阴生津、除烦止渴、健脾补气的功效。

　　小麦，有健脾益肾、养心安神的功效。

大豆，被称为"豆中之王""绿色的牛乳"，蛋白质含量高且质量好，大豆脂肪具有高营养价值，能降胆固醇、防动脉硬化、助消化。

芝麻，被称为"八谷之冠"，有补肝肾、益精血、润肠燥、除胆固醇、通乳、美容养颜的功效。

小米，益肾健胃，除热，是公认的最为养人之谷物。

除了《黄帝内经》提到的"五谷"外，这里再介绍几种常见且极富食用价值的谷物。

玉米，被称为"米中之玉"，有健脾利湿、开胃益智、宁心活血、抚慰胃肠蠕动的功效。

红豆，被称为"心之谷"，有行津液、利小便、消胀、除肿、止吐的功效。

绿豆，含蛋白质、脂肪、碳水化合物及各种矿物质和维生素，营养丰富，有防暑的功效。

黑豆，豆类中最为养人之物，有强肾、延缓衰老、降低胆固醇、降血脂、防癌的功效。

白芸豆，含有芸豆蛋白，是一种天然的淀粉酶抑制剂，有健脾壮肾的功效。

荞麦，有降血脂、降血压、降血糖的功效，对预防大肠癌和肥胖症有益。

薏米，有壮骨、健脾、补肺、清热、利湿的功效。

薯类（包括白薯、红薯、山药、土豆等），被称为"最好的清肠食物"，有吸收小肠脂肪毒素、润滑肠道、预防肠癌的功效。

古　语：

食粥

世人个个学长年，不悟长年在目前。

我得宛丘平易法，只将食粥致神仙。

——〔南宋〕陆游

（二）五果为助

五果为助，必要之物。

常吃多品，大有益处。

《黄帝内经·素问》说："五果为助。"是指五果能辅助五谷充养人体。"五果"指的是哪些呢？在《黄帝内经·灵枢·五味》中讲的是枣、李、栗、杏、桃。今天讲"五果"，可以理解为具有营养价值的水果和坚果的总称。

水果富含维生素、纤维素、糖类和有机酸等物质，是平衡饮食不可缺少的辅助食品。《本草纲目》在解释五果为助时说："丰俭可以济时，疾苦可以备药，辅助粒食，以养民生。"

五果为助的"助"字是说，水果不是主食，是必要的辅助之物。在以五谷为主的基础上，可以多食一些水果，平衡营养，助力养生。

"五果"的营养价值：

枣，有"天然维生素丸"的美誉，含丰富的环磷酸腺苷、儿

163

茶酸、芦丁，能够补气养血、抗过敏、抗癌、保肝护肝、抗衰老、提高免疫力。民间说："一日食三枣，百岁不显老。""五谷加入枣，胜似灵芝草。"

李，含有丰富的矿物质、维生素、各种酸性成分，具有养阴生津、通肠润便、润滑肌肤、抗衰老的作用。切忌多食，易引起虚热脑涨、损伤脾胃。

栗，有"干果之王"的美称，含有大量的淀粉和丰富的蛋白质、脂肪、维生素，有养胃、健脾、补肾、强筋、活血、消肿等功效。一次不能吃太多，容易胀肚，每天只需吃5～7粒，坚持下去就能达到很好的滋补效果。

杏，含有较多的糖、蛋白质以及钙、磷等物质，营养丰富，有润肺定喘、生津止渴之功效，鲜食可治胃阴不足、口渴咽干、肺经燥热、咳嗽上气等症。一次不能多食，容易伤胃胀肚。

桃，果肉中富含蛋白质、脂肪、糖、钙、磷、铁和B族维生素、维生素C及大量的水分，具有补益气血、养阴生津的功效。桃仁有活血化瘀、润肠通便的作用。

还有一些常见的水果，营养价值都很高。

苹果，所含有的果胶和钾均居果品中的首位，有生津开胃、解暑除烦、补脑助血、安眠养神、润肺清痰、退热解毒、利脾益气、润肠止泻等功效。

梨，止咳生津。柑橘，化痰和胃。桑葚，滋肾黑发。香蕉，生津润肠。核桃，补肾固精。佛手，舒肝止疼。莲肉，健脾止泄。木瓜，舒肝止疼。山楂，消食化滞。西瓜，清热祛暑。荸荠，凉血开胃。龙眼，补心安神。甘蔗，生精养胃。荔枝，补气养血。柿子，健脾治咳。

各类坚果，含蛋白质、油脂、矿物质、维生素较多，对人体生长发育、增强体质、预防疾病有极好的功效，常食对心脏病、癌症、血管疾病有预防和治疗功效，同时还可明目健脑。有条件的人，常吃一些坚果，也可当作间食来用，每次不宜多吃，一小把即可。

古语：

　　食能排邪而安脏腑，悦神爽志，以资血气。

　　　　——〔唐〕孙思邈《备急千金要方》

（三）五畜为益

　　五畜为益，强身增力。

　　熟热为主，荤素搭配。

《黄帝内经·素问》说："五畜为益。"是指五畜能补养五脏、强健体魄。"五畜"指的是哪些呢？在《黄帝内经·灵枢·五味》中讲的是牛、犬、猪、羊、鸡。今天讲"五畜"，可以理解为能够且允许食用、具有一定营养价值的动物类的总称。

动物类食物可供给人类各种氨基酸、脂肪、矿物质和维生素，也是美食的主要来源。仅从脂肪来看，它对人体有许多独特的作用。例如，它是人体生命活动的主要能源物质，能够增加饱腹感，提供人体必需的脂肪酸、合成前列腺素的前体，有助于维生素的吸收。

五畜为益的"益"字，就道出了动物类食物在人们饮食结构中的地位和作用，有"锦上添花"之意，并不像五谷是为"养"的，必须吃，有它当然更好，没它也不是不行。总的来说，动物的肉能维持人类生命活动和提供体力劳动所需的蛋白质和能量，但食肉要控制在一定的范围和数量内。

"五畜"的营养价值：

牛肉，肉中骄子，有补中益气、滋养脾胃、强健筋骨、化痰息风、止渴止涎的功效。适合普通人食用，对于中气不足、气短体虚、筋骨酸软、久病贫血、面黄体瘦者更为有益。

狗肉，温补佳品，有温补脾胃、补肾助阳、壮力气、补血脉的功效。适合普通人食用，对于腰膝冷痛、浮肿、阳痿等肾阳虚者更为有益。

猪肉，滋阴补血佳品，能够补肾养血、滋阴润燥。适合普通人食用，对于热病伤津、消渴羸瘦、肾虚体弱、产后血虚者更为有益。

羊肉，强壮人体的美味，蛋白质含量高、脂肪含量低，含磷酸多，胆固醇含量少，有温补脾胃、补中益气、壮阳益肾、补血温经的功效。适合普通人食用，对于体瘦畏寒、腰膝酸软、产后血虚宫寒、肺结核、气管炎等体虚胃寒者更为有益。

鸡肉，补虚佳品，有温中益气、填髓补精的功效。适合普通人食用，对于气虚食少、头晕、心悸、月经不调、产后少乳、水肿、消渴、遗精、耳聋耳鸣者更为有益，尤其适宜老年人和体弱者食用。

随着农牧渔业的发展和人们对食物认识的不断深化，可供选择的动物性食材越来越多，在饮食结构中所占的比例大大增加。所以现在又出现了"新五畜"的说法，即包括肉类、蛋类、水产类、昆虫类、乳类。

肉类：主要是畜类的肌肉、内脏、骨血等，能提供人体所需的氨基酸、矿物质、维生素、胶原蛋白和脂肪。

蛋类：是人体所需蛋白质的主要来源之一，而且蛋类中所含的都是优质蛋白，蛋黄中含有多种维生素、矿物质、脂肪等，很容易被人体所吸收。

水产类：包括鱼、虾、蟹、贝等海鲜、河鲜，主要特点是脂肪含量很低，而氨基酸、维生素、矿物质比一般肉类丰富得多。

昆虫类：常见的有蚕蛹、幼蜂、蚂蚁、蝗虫等，蛋白质含量非常高，且脂肪多为软脂肪和不饱和脂肪，它们所含几丁质、抗菌肽、防御素、外源性凝集素等更是一般肉类无法比拟的。

乳类：常见的牛奶、羊奶、骆驼奶，都含有较优质的蛋白质、脂肪，矿物质含量丰富，尤其是钙含量高。

无论是《黄帝内经》指的"五畜"，还是"新五畜"，都有宜有忌，再好的东西也不能多吃，在食用过程中要注意科学搭配，因人、因时、因情而用。关于食物的选择，民间有很精辟的总结：四条腿的（如猪）不如两条腿的（如鸡），两条腿的不如一条腿的（如蘑菇），一条腿的不如没有腿的（如鱼）。说明它们的营养价值和食用后的利弊是不一样的，应该酌情把握，合理取舍。

2021年年初，中国营养学会全民营养专家组对常见食物进行了营养评价，选出了"优质蛋白质十佳食物"，包括鸡蛋、牛奶、鱼肉、虾肉、鸡肉、鸭肉、瘦牛肉、瘦羊肉、瘦猪肉和大豆。

古 语：

食欲少而数，不欲顿多难销，常如饱中饥，饥中饱。

——〔梁〕陶弘景《养性延命录》

（四）五菜为充

五菜为充，润腑和中。

三餐常备，营养建功。

《黄帝内经·素问》说："五菜为充。"是指五菜能营养脏腑。"五菜"指的是哪些呢？在《黄帝内经·灵枢·五味》中讲的是葵、韭、藿、薤、葱。现在的"五菜"，可以理解为泛指各种蔬菜。

蔬菜富含胡萝卜素、维生素C和B族维生素，多种无机盐、某些微量元素、纤维素、果胶、大量的酶、有机酸、绿叶素等。五菜为充的"充"字说明，蔬菜能为人体提供营养，充实脏气，虽不能代替主食，却是人体不可或缺的，缺少了人就会营养失调、

168

脏气亏虚。

"五菜"的营养价值：

葵，为五菜之首，是冬苋菜（也有的地方叫葵菜、寒菜），具有清热、解毒、利窍、通淋的功效。现在人们吃得很少。

韭，是一个泛称，蒜薹、蒜黄、韭菜都属此类，具有健胃、提神、温暖的食疗作用。

藿，是指豆叶。现在已不再食用。

薤，又名小蒜、野蒜、野韭等，具有增进食欲、促进消化、解除油腻、健脾开胃、温中通阴、舒筋益气、散瘀止痛等功效。

葱，古代把葱作为一种蔬菜，今天大多把它当作调味品，看来食用得还不够。葱含有蛋白质、碳水化合物、多种维生素及矿物质，还具有抗菌抗病毒、防癌抗癌的作用，对人体大有益处。

蔬菜品种繁多，营养丰富，但差异很大。根据有关研究结论，可以从蔬菜的颜色分类来判断它的营养价值。白色蔬菜，成分以糖类、水为主，营养较少；黄色蔬菜，营养价值比白色略高；红色蔬菜，营养价值高于黄色和白色蔬菜，它所含的胡萝卜素与红色素能增进人体细胞的活动，有助于提高免疫力；绿色蔬菜，含丰富的维生素B_1、维生素B_2、维生素B_3和维生素C等，还有胡萝卜素及多种微量元素，营养价值高于红色蔬菜。《黄帝内经》告诉人们，饮食应合于四时变化，最好吃应季蔬菜。

古　语：

　　有饥即食，食勿令饱，此所谓调中也。百味未成熟勿食，五味太多勿食，糜烂闭气之物勿食，此皆宜

戒也。

（五）五味所入

五味所入，各走其路。

皆有宜忌，用之适度。

五味所入的"入"字告诉人们，所吃食物的"五种味道"到哪里去、都有什么用处、它的喜好和禁忌是什么。

先说"五味"都到哪里去了。

五味各有所喜。《黄帝内经·灵枢》说："胃者，五脏六腑之海也。水谷皆入于胃，五脏六腑皆禀气于胃。五味各走其所喜。谷味酸，先走肝；谷味苦，先走心；谷味甘，先走脾；谷味辛，先走肺；谷味咸，先走肾。谷气津液已行，营卫大通。"大意是，胃为五脏六腑所需要的水谷精微物质的汇集之处，食物进入人体后都先到胃，五脏六腑皆需从胃受纳食物所化生出的精微物质。食物的五种味道与五脏的关系，是按照五味、五脏的五行属性来联系的，五种味道分别进入各自所喜受的脏内。酸味的物质先进入肝内，苦味的物质先进入心内，甘味的物质先进入脾内，辛味的物质先进入肺内，咸味的物质先进入肾内。食物所化生的精微、津液，正常地流行而布散全身，营气和卫气旺盛、通畅而周流全身。

再看"五味"都有什么用处。

五味各有其功。

酸收。

酸味入肝脏，"肝主筋"，所以酸类的东西走筋。酸由有机酸产生。酸味食物有收敛固涩、健脾开胃、止泻止汗止渴、杀灭胃肠内的病菌、滋阴养肝、软化血管的功效。

酸的禁忌。因酸有"收敛""凝滞"作用，不利于感冒、咳嗽等病邪排出。过食酸可引起消化功能紊乱，胃功能差的人不可多食酸。多食酸的食物会使肌肉变得粗硬皱缩，口唇干裂掀起。

为什么食用过多酸味会造成小便不利呢？酸味食物进入胃之后，因酸味滞涩，有收敛的功用，仅可行于上、中二焦，而无法很快吸收转化，就滞留于胃中。如果胃中调和温暖，就能促使酸味下注于膀胱。膀胱皮薄且软，碰到酸味就会紧缩卷曲，致使膀胱出口处也束紧不通，影响尿液的排出，因而形成小便不通的病征。

苦坚。

苦入心脏，"心主脉"，所以苦味的东西走血。苦由有机碱、无机碱离子产生，含有丰富的有机化合物、维生素、生物碱、苦味素、氨基酸等。苦味食物具有很强的神经调节和平衡阴阳的功能，有清心泻火、消暑除湿、坚固阴精、促进食欲、泻实利尿等功效。

苦的禁忌。脾胃虚寒、脘腹冷痛、大便溏泄的患者不宜食用苦味食物，否则会加重病情。苦味进食过多，会引起胃部不适，出现恶心、呕吐或泄泻。苦味主降，气机宣散不到皮肤里，就会出现皮肤枯槁、毛发脱落等症状。多食苦味还会使牙齿色黑、骨质疏松等。

为什么食用过多苦味会令人呕吐呢？苦味进入胃后，五谷其他气味皆无法胜过它。当苦味进入下脘后，三焦的通道皆会受到影响而使气机关闭不通畅。三焦若不通畅，胃中的食物无法通调、传布，胃气因此会上逆而形成呕吐。

甘缓。

甘入脾脏，"脾主肉"，所以甜味的东西走肉。甘味食物均有滋补养身、缓和痉挛、调和性味、解除肌肉疲劳、缓解疼痛、解毒和滋肉的作用。凡气虚、血虚、阴虚以及五脏虚弱者，适宜多食味甘之品。因为甘性缓，而疼痛是经络、筋肉筋脉的拘急，所以甘和酸结合会有很好的止痛效果。

甘的禁忌。过食甘味食物会导致血糖升高，血胆醇增多，也会使骨痛伤肾、肤色晦暗、头发脱落。"味过于甘，脾气不濡，胃气乃厚。"甘味食物吃多了，会产生恶心呕吐、腹泻等不良反应。

为什么食用过多甘味会令人感觉心胸郁闷呢？甘味进入胃后，会腻碍胃内的气机，令胃气小且弱，无法上行至上焦，而时常与食物一起积留于胃中，因此胃亦柔和润泽。胃气柔和润泽则气行缓慢，因此就会让人感到心胸郁闷。

辛散。

辛入肺脏，"肺主皮"，所以辛类的东西走皮毛。辛主要由辣椒素等辣味成分产生，是一种很刺激、很强烈的味道。辛味能宣散利湿，能行气、通血脉，可促进胃肠蠕动，增强消化液分泌，增强淀粉酶的活性，有调理气血、祛散风寒、疏通气机、疏通经络的功能。

辛的禁忌。辛味食物大多发散，有较强的刺激性，易伤津液，食用要适当。食过量会使肺气旺盛，筋脉不舒、肛门灼热。多食辛辣对心脏不利，还可能造成手指干枯，肌肤缺乏弹性。辛走气，有气病者勿多食，过多食用，容易耗气，严重者可导致气虚。

为什么食用过多辛味会令人产生空虚感呢？辛味进入胃后，辛味之气行于上焦。上焦的作用是把来自中焦的水谷精微传布至体表。食用过多葱、姜、蒜、韭之类的辛味食物便会熏蒸于上焦，令营气和卫气受到影响，若辛味长时间留在胃中，便会令人感到心中空虚。辛味和卫阳之气同行，因此辛味进入胃之后就会令卫阳之气外达而出汗。

咸软。

咸入肾脏，"肾主骨"，所以咸类的东西走骨。咸由氯化钠等成分产生，为五味之主。咸味食物大多有调节人体细胞和血液渗透压、保持正常代谢的功效，还具有补益肾精、软坚散结、活血化瘀、泻下通肠等作用。

咸的禁忌。多食咸可使"舌干喜渴"，严重者造成脉血瘀滞不畅，甚至改变颜色。咸走骨，有骨病者不可多食咸。高血压、心肌功能差、肾病、骨病患者要少食咸，否则会使病情加重，脸色发黑。

为什么食用过多咸味会令人口渴呢？咸味进入胃后，咸味之气上行于中焦，输注至血脉，同血相合，随血行走，血和咸味相结合，则令血液浓稠，血液浓稠就需胃中的水液接连注入其中进行补充。如此一来，胃中的水液便会不充足，影响咽部的津液输送，令咽部及舌根部感到干燥，因此感觉口渴。

那么"五味"都适合调理哪些脏器呢？

五脏各有所宜。

《黄帝内经》指出，人体处于一个动态的平衡中，各脏腑对立统一，以平为期。五脏的运转依赖于五味，但是过度使用五味又会损害五脏的协调关系。

"肝青色，宜食甘。"肝脏发病时脸色发青，肝病苦急，适合选食甘味的食物以缓释肝气，比如粳米饭、牛肉、枣、葵等甘味食物。"肝病禁辛"，是说肝脏发病时忌食辛味。

"心赤色，宜食酸。"心脏发病时脸色发赤，心病苦缓，适合选择酸味的食物以收敛心火，比如狗肉、芝麻、李子等酸味食物。"心病忌咸"，是说心脏发病时忌咸味。

"脾黄色，宜食咸。"脾脏发病时脸色发黄，适合选择不过度运化的咸味食物，比如大豆、猪肉、栗子、豆叶等咸味食物。"脾病禁酸"，是说脾脏发病时忌酸味。

"肺色白，宜食苦。"肺脏气虚时脸色发白，苦气向上逆行，适合选择苦味的食物以助肺气肃降，比如麦、羊肉、杏等苦味食物。《黄帝内经·灵枢》又说"肺病禁苦"，这是指肺脏发病时忌多食苦味。因苦主降，吃多了，肺气就不容易宣发，肺气调不上来。

"肾色黑，宜食辛。"肾脏发病时脸色发黑，肾病苦燥，适合选择宜散发和提升肾水之气的辛味食物，比如黄米、鸡肉、桃子、葱等辛味食物。"肾病禁甘"，是说肾脏发病时忌甘味。

饮食之中多学问，三餐五味宜讲究。总的来说，饮食要顺应自然之道，平衡合理，游刃有余，颐养身心。要粗细搭配，以粗为主；生熟互补，以熟为主；荤素有度，以素为主；酸碱均衡，以碱为主；寒热相宜，以热为主。我们都是中华饮食文化的受益者，自然应当也是传承者。吃，要吃出国人的饮食文化，吃出强健体魄，吃出快乐与幸福。

古　语：

　　凡食物不能废咸，但少加使淡，淡则物之真味真性俱得。

——〔清〕曹庭栋《老老恒言》

四、运动健身

"动则不衰。"我们的祖先很早就认识到了宇宙生物界特别是人类生命活动具有运动的特性，因而大力提倡运动保健。我们应该深化对运动本质的认识，增强运动的合理性，使运动更加符合个人的特点和自身规律，真正达到强身健体的目的。

（一）运动是永恒的

天地万物恒为动，人之生命必相应。

顺应四时适寒暑，强身健体心气盛。

《黄帝内经》中多次提到"人与天地相应"，认为"升降出入"运动是生命存在的基本方式。它告诉我们，生命的本质就是运动，运动要在与自然界保持统一的前提下进行。 运动之效甚广，可以强筋骨、增知识、励意志、怡情感 。

具体来讲，身体运动的好处主要有以下几种：

第一，促进人体新陈代谢。体育锻炼能促进人体内组织细胞对糖原的摄取和利用能力，增加肝糖原和肌糖原储存，改善肌体对糖代谢的调节能力。长期运动，能够推迟肝糖原的排空，从而推迟衰老的到来，增加人体持续运动的时间。运动不但能够提高机体对脂肪的动用能力，还能够清理人体循环内的各种毒素，使人容光焕发，更有气质。长期坚持运动的人，不怕累，耐力足，就体现在这里。

第二，提高运动系统能力。坚持运动健身，对骨骼、肌肉、关节和韧带都有好处。经常运动，可以使肌肉保持正常的张力，并通过肌肉活动给骨组织以刺激，促进骨骼中钙的储存，预防骨质疏松，同时使关节保持较好的灵活性，使韧带保持较佳的弹性。

第三，增强血管系统功能。有规律的锻炼，可以减慢静息时和运动时的心率，这就大大减少了心脏的工作时间，增强心脏的功能，保持冠状动脉血流畅通，可以更好地供给心肌所需要的营养，从而使心脏更强大，降低发病率。

第四，强化呼吸系统能量。经常运动可以使呼吸肌力量加强，胸廓扩大，有利于肺组织的生长发育和肺的扩张，增强肺活量。

第五，改善消化系统功能。运动会加速机体能量的消耗，促进消化系统功能的增强，从而使食欲旺盛，饭量增加，消化吸收好。

第六，激发中枢神经系统动力。运动能改善神经系统的调节功能，提高对人体活动时的判断和反应能力。经常运动的人，身体的协调性明显增强，给人感觉很灵敏、有朝气的印象，显得年轻有活力。

第七，培养健康向上的心态。参加运动的过程，能够建立良好的人际关系，在情感交流中享受快乐；能够激发斗志，增强信心，培养意志力；能够培养钻研好学的精神，启发智力，提高生活兴趣。还有很重要的一点，运动能够宣泄负面情绪，摆脱烦恼忧愁，愉悦身心，提高睡眠质量，使心理更健康。人沉浸于运动之中，便会常常感受到在哈哈大笑中度过今天、于欢欢喜喜中迎接明天的那份充实与快乐。

古　语：

动摇则谷气得消，血脉流通，病不得生。

——〔晋〕陈寿《三国志·魏书·华佗》

（二）运动要适度

缺动少炼不达标，太强过难吃不消。

轻重缓急因人异，适度而为才是高。

所谓适度运动，就是运动的强度和难度与身体发展的阶段和状况相适应，以满足身体代谢需要为标准，以适合自己的项目为主要方式。量不能过多，也不能过少；难度不能太大，也不能没有；质不能太高，也不能太低。现在的情况，总的来说不太理想。青年学生正是长身体的时候，需要运动健身，却整天忙于学习，没时间去锻炼；上班族处于身体强壮时期，应该坚持运动，却因工作生活缠身，顾不上锻炼；退休后虽然有时间，身体逐渐衰老，一些人却又过度锻炼，导致运动损伤。这种状况不符合人体自然生长规律，也违背人体运动基本要求，已经给许多人的生命健康带来了不利影响。

以老年人为例。人过了中年特别是进入老年以后，随着心肌收缩力、呼吸肌力、骨骼肌力等方面的减弱，血管壁弹性、肺脏弹性、关节韧带弹性降低，骨质变得疏松，大脑的反应速度减慢，容易出现疲劳困倦等症状。如果运动量过大，不仅易疲劳，造成运动伤，而且儿茶酚安和促肾上腺皮质激素分泌增多，会降低人体免疫力，致使人体素质不升反降，更严重的会出现运动猝死。

《黄帝内经》对适度运动问题有许多阐述，倡导的是"形劳而不倦"，特别指出了五劳所伤："久视伤血，久卧伤气，久坐伤肉，久立伤骨，久行伤筋。"

久视伤血，乃所劳于肝。中医讲："肝开窍于目""目为肝之外候"。肝主藏血，开窍于两目，肝得血而后目能视。人长时间用眼过度，不仅会使双目疲劳，还会造成双目干涩、视力下降、头晕眼花、心悸失眠等血虚症状。

久卧伤气，乃所劳于肺。中医讲"气为血之帅，气行则血行"。肺主气，司呼吸。久卧会导致运化不畅，气滞血瘀。气运行缓慢，人体新陈代谢速度也会减慢，就会出现身体困重、肢倦乏力、食少纳呆、头晕气短等症状。

久坐伤肉，乃所劳于脾。中医讲："脾主身之肌肉。"脾是人体内的"运输官"，肌肉的营养靠脾运化水谷精微而得。久坐而不活动，则肌肉损伤；脾气不健，亦会使脾脏功能受损，导致食欲不振、消化功能下降，从而使肢体肌肉失养，出现肌肉消瘦、萎缩、肌力减退等症状。

久立伤骨，乃所劳于肾。中医讲："肾主骨生髓。"肾能藏精，精能生髓，髓能养骨，故称肾主骨。腰为肾之府，腰酸则肾伤，肾伤久则伤骨。长时间站立，会导致骨骼与关节过劳，下半身气血运行迟滞，出现腰酸背痛、腿软足麻等症状，严重者还会使骨骼与关节发生病变，造成功能障碍，甚至出现畸形。老年人肾精亏虚，骨质疏松，更不能久站久立。

久行伤筋，乃所劳于心。《黄帝内经·素问》说："食气入胃，散精于肝，淫气于筋。"肝血充足，筋膜得养，关节运动灵活有力，因此有"肝主筋""肝生筋""肝藏筋膜之气"之说。长时间运动，会使筋脉持续处于紧绷和疲劳状态。剧烈运动过后，"抽筋""拉筋"，正是由于短时间内心脏供血不足，无法滋养筋脉所致。

因此，我们提倡适度而有规律的锻炼，平时既不能懒惰不动，无形中降低身体各器官功能，影响生命机体的有序循环，又不能超强度锻炼，以免身体到处是伤，也阻碍身体的正常循环代谢。

那么，怎样运动才算适度呢？总的来讲，选择的运动项目要与自己的年龄段相适应，运动量要与自己的身体素质情况相符合，最好每天坚持运动，比较剧烈的运动项目每周2~3次为宜，运动的强度和难度能够自如掌握，最好的场所不是在室内而是环境较好的室外。中老年人不适合做剧烈、极限运动。历代养生家都特别推崇散步，有诗云："竹从叶上枯，人从脚上老。天天千步走，药铺不用找。"中老年人要摸索出一套适合自己的运动路数，运动量要保证能够出汗但不大汗淋漓，稍事休息就能缓过劲来，不影响第二天的工作和生活，达到身心舒畅。

古　语：

人欲小劳，但莫至疲及强所不能堪胜耳，人食毕，当行步踌躇，有所修为为快也。故流水不腐，户枢不朽蠹，以其劳动数故也。

——〔南朝〕陶弘景《养性延命录·食戒篇》

自然自得

180

（三）动静结合

阴阳无始亦无终，动静屈伸理贯通。

聚气敛神注丹田，犹将太极一环中。

运动有多种方式，从健身角度来讲，动静结合才是最有效、最佳的方式。《黄帝内经·素问》说："呼吸精气，独立守神，肌肉若一。故能寿敝天地，无有终时。此其道生。"这就是说，吐故纳新以调摄精气，超然独处以保持精神内守，使筋骨肌肉与精神达到完好的统一，实际就是强调调息、调心、调身融为一体，内外兼修，古代人特别重视这个养生之道。

这里以太极拳养生为例，说明动静结合的妙处所在。当然，这绝不仅仅局限于太极拳，我们要善于在其他运动中追求动静结合的境界。

习练太极拳的好处，我的体会主要有四点：一是回归自然，养心。太极拳宗师张三丰讲，太极是人生之机，全赖神气，气清上浮，一如上天，神凝内敛，一如入地，神气相交，就如同一个太极。这是太极的本意。习练者必先放松身体，凝神静心，去除杂念，树立"人与天地同根、与万物一体"的意识，融入自然，恬淡虚无，以渐入行拳意境。二是意气形结合，养气。古人说，太极即一气，一气即太极，以体言为太极，以用言为一气。实际就是通过调息、调心、调身为一体，性命双修，内外兼修。三是调五脏六腑，养身。太极拳其动如静，其静如动，动静循环，相连不断。静则养内，益于气血、脏腑、经络；动则养形，益于肌肤、筋骨、形体。同时增强人的平衡协调能力，增强肌肉的耐力，增加身体的柔韧性。内顺外调，则可克服慢性疾病、抗衰老。四是陶冶情操，养性。太极拳蕴含着深刻的哲学思想，辩证通明，刚柔相济，修集定力，可以让人大彻大悟，坚定从容，平静内敛，淡然恬静。这项运动，男女老少皆宜，随时随地可行。

我的太极拳老师解文波先生，可以说是运动健身的榜样。20世纪90年代初，解先生师从原沈阳市武术协会副主席、内家拳名师张魁文老先生，练得一套传统、完整的武式太极拳。按武禹襄、李亦畲、郝为真、阎志高、张魁文的传承顺序，他属于第六代传承者之一。解先生学识渊博，淡泊谦和，平静如水，几十年如一日，潜心研究自然养生，形成了一套颐养身心的路数。他练拳以养生健身为目的，注重"内功"的修炼，强调在"松、静、自然"的状态下行拳，以达到武式太极"内气潜转"的效果。他在练拳的过程中，数次体会到太极"轻身"的效果，在站桩高度"入静"的状态下，也曾体会到"天地人浑然一体"的意境。每天早晨在打拳之前，他先引导大家一起"收心"，等心平气静了才行拳，最后是站桩调息，发出"我与天地万物一体、和谐共生"的善念。一切都是让身心融合，回归自然。

他的拳场原来在沈阳南湖公园东侧的树林里。每当他打拳或是站桩时，为数不多的松鼠总爱跑过来伴其左右，喜鹊和一些不知名的鸟儿也经常围拢过来欢快地唱上一阵儿。后来场地被施工所占，我们又在公园隔湖相望的西侧开辟场子。过了一段时间，那些可爱的"小朋友"又奔着他而来，自然自在。有些太极拳爱好者也经常过来向解老师请教，他总是以诚相待，一来二去大家就成了好朋友。这无疑是他的魅力使然。

解先生年轻时得过疾病，体质比较虚弱。从那时起他便把健身提上了日程。他事业、健身两不误，工作是公认的劳模，职级达县团级，打拳更是从不间断，风雨无阻，即使工作再忙，也要抽点时间习练，逢年过节也会抽出时间行拳、打坐，用心极为专注，几年下来身体越来越强健。如今30多年过去了，他身轻履健，精力过人，经常与年轻人练"太极推手"，他的耐力往往胜过年轻的小伙子。我们经常一起讨论《黄帝内经》，他的见解多为经验之谈，常常切中要害，对人与自然界的认识深刻而明了，坚定而自信。解先生的亲身经历告诉我们，自然养生，自得健康，受用一生。

古　语：

有形之体必须得无形之气，相依而不相违，乃成
健全之体。

——〔明〕紫凝道人《易筋经》

（四）贵在经常

运动天性宜舒张，持之以恒为良方。

"毅力"二字心中记，巧把时间化经常。

　　健身的效果是长期坚持运动后自然出现的，运动只有持之以恒，才能真正收到成效。《景岳全书·虚损》说："惟安闲柔脆之辈，而苦竭心力，斯为害矣。"身体不锻炼，长久下去会气血不畅，脾胃功能减弱，正气日益衰减，体弱神疲。即使再好的运动，如果不长期坚持，也达不到强身健体的效果。"三天打鱼，两天晒网"，反而容易使人体的适应和代偿功能紊乱。

　　难在坚持，贵在经常，重在毅力，巧在安排。不管怎么说，动起来才是生活的常态，忙时莫忘健身，闲时多去运动，早晚充分利用。每个人应根据自己的身体状况、兴趣爱好、环境条件等因素，至少选择一两项运动，力争有一技之长，并长期坚持下去。要做到持之以恒，一是要心定，有定力，有毅力，有耐力；二是要爱好，悟进去，有兴趣，成习惯；三是要进"群"，找个环境，进个圈子，交些玩伴。将运动变成习惯，使习惯成为享受，让享受陪伴身心健康。

184　　古　语：

　　要想健，日日炼。

五、雅兴怡情

偷得闲来识芳芬，心田滤净淡无尘。

兴浓自将烦忧去，至情至性乐身心。

清代朱锡绶的《幽梦续影》说："琴医心，花医肝，香医脾，石医肾，泉医肺，剑医胆。"这是古人关于雅兴养生的经典论述。雅兴不仅能够养性情，而且有助于提高生命质量。

美妙动听的琴声，使人听了心旷神怡，既畅快又舒缓，有助于养心；娇嫩鲜艳的花朵，沁人心腑，使人烦躁尽散，利于养肝；扑鼻而来的香气，使人味觉顿开，心生欢喜，可以养脾；灸、按摩恬养性情，调理机腑，可以养肾；山林间的泉水瀑布，使人兴致盎然，胸怀舒畅，可以养肺；持刀舞剑常锻炼，可以强筋健胃，使人气魄果敢，可以养胆。

雅兴带给人的是积极的情绪，这种情绪反馈到内心，有益于人体五脏六腑的调和顺畅。人有雅兴，对于养生来讲，既有雪中送炭之功，帮人排解心中的郁闷，又有锦上添花之宜，使人的生活快乐而健康，可以说养心、养神又养身。

琴棋书画

善琴者通达从容，善棋者筹谋睿智，善书者至情至性，善画者至善至美。超然于世俗间，专注于学问中，寓乐于机智内，艺无止境，习而不倦，日程饱满，日子就过得充实。

并不是想要成名成家，也不在于非出精品力作，而是给自己的心找一个归处，使平淡无奇的生活充满无穷乐趣，在"笔走云端"中宁心静气，锤炼人格精神。几分耕耘，几分收获。一点滴进步，都使人顿生不小的成就感。凭借这份坚持与执着，你的心智更成熟，心气更平和，在不知不觉中，性情得到陶冶，志趣更为高雅，对美的认识愈加深刻。

诗辞歌赋

平仄之间抒胸臆，笔墨挥洒尽豪情。文以叙论，文以感人。喜爱诗词的人，往往具有豪放豁达的秉性。流连于天地间，洞万物于顿悟时，饱读诗书，胸中有物，闻历史于感怀，随触景而生情志，直抒胸臆，畅怀激烈，豪情满腔。文字竟然把人的精神世界连通，让无数爱好者心驰神往，而平凡的岁月又总有那么多情节让人有感而发，浮想联翩，思绪丛生。记录下你的心路历程，获得的是历史的真相还原和精神世界的日渐饱满。字词之间，推来敲去，虽不痴迷，却也陶醉，似有一番诗意在滋润你的生活。久闻墨香犹入境，乐此不疲好时光。

吹拉弹唱

音乐是能给人带来精神享受的最佳方式之一。生活不能没有歌声，就像大海不能没有波浪一样。人类以特有的灵感发明了这种抒发情感、拨动心弦的艺术形式，丰富了情感语言，也带来了无尽的欢乐。今天你高兴，那就唱几首热烈奔放的曲子，肯定会锦上添花，让你更加舒心畅快；假如你不高兴，那就选悲痛激愤的曲子，把不良情绪宣泄出来，让心绪得到抚慰；场合很正式，那就选庄重、大气的，使气氛更有感染力；或许你很悠闲，那就将缠绵细腻的歌儿唱出来，心情会更加舒缓惬意。在载歌载舞中，你的性格更开朗，心态更平和，身心更放松，既娱乐了身心，又锻炼了气功，与外界的交流也更为和谐顺畅。

鱼鸟花虫

闲暇把玩之宠物，雅而添乐，生活之点缀。微风细雨，鸟语花香，鱼戏蝉鸣，好一番温馨的景致，使人的注意力渐渐集中到此情此景，身心也随之得到放松和愉悦。生活中的情趣需要自己发现和寻找，用心于细微处，弄巧于平常中，得到的是一种淡淡的舒心和小小的满足感。这种乐趣渗透进你的生活，如小溪里的浪花，惬意而又从容。并非等心闲时才去做，去做了，心可能就得闲了。当你正值青春，作为休闲调剂即可，玩心勿纵；当你人到中年，要学会忙里偷闲，闲逸生趣，储备能量，不断迎接新的挑战；当你步入老年，要善于闲来找乐，童心未泯，把精力调整好，积极地营造快乐的生活。

书报影视

云山生异彩，诗书有真香。"书卷多情似故人，晨昏忧乐每相亲。"古人还说："书犹药也，善读之可以医愚。"阅读优秀作品可以增长智慧、陶冶情操、鼓舞精神。常以书报相伴，是生命里最美好的习惯，博览古今，静观世界，细品人生，在诗意和温馨中多一些儒雅，开阔视野与胸怀，对人生的认知更深邃，生活装点得也更加饱满。欣赏好的影视作品，在打动人心的同时，还会得到美的享受，时光过得也快活。当你需要调整心情的时候，当你需要换换脑筋的时候，当你需要激发灵感的时候，当你百无聊赖的时候，就走进优秀的影视天地里，伴随着引人入胜的情节，各种滋味涌上心头，你或许从中可以思索出新的感想，或许对某件事情产生兴趣，或许洗涤了身心的疲惫，或许对新生活充满向往。有书报影视的日子，生活就是这样恬淡安逸。

阅读还是纸质图书好，绿色环保，避免了电子产品带来的辐射，便于进行系统学习研究，方便随时使用，利于收藏。有了电子图书以后，一些家庭只重装饰不藏书，显得厚重不足，也不利于养成良好的读书习惯。家里应该多一些书香气，注重积累这些宝贵的精神财富，尽心营造比较浓厚的文化氛围。

品鉴收藏

任凭窗外浮华，我自静坐独享，思绪在鉴古品今中飞扬，乐趣于赏玩收藏中横生。你的兴趣爱好不仅增加知识储备，而且逐渐丰富审美情趣，一来二去，艺术修养得到大幅提高。长此以往，既使身心得到放松、安逸，也使你的藏品资产得到保值、升值。切记，品鉴的功夫可不是短时间内就可以拥有的，这个行当的"水"很深，投资须谨慎。

游览观光

当内心装满外面的世界时，人所拥有的是一种和谐之美，整个人都是通透的。清风明月本无价，芳草碧树皆有情。走出家门，或远或近，去感受名山大川的震撼，去体会林间小溪的缠

自然自得

绵，在亲近自然中，放飞你的心灵，释放你的身体，就能切身地感受到，人心最渴望的是自然，自然是生命的真正乐园。名胜古迹会勾起你的好奇心，一见方觉真知多，越深入越萌生探究的欲望。在日积月累中增长人文历史知识，精神世界也变得富有许多，提升的可能是你对生活的认识、观念和方式。旅游给人带来的收获有时是意想不到的。你看，只要前方还有路，脚下永远是起点，比远方更远的是人的眼光，激发你不断前行的是一个个目标。在不断的探寻中，不仅锻炼了你的体魄，还激发了你乐此不疲、不断向前的精神意志。拿起手中的相机，把一个个美丽的瞬间定格成永恒，任何时候欣赏起来，都是一串串美好的故事。背起背包走天下，走到哪里，哪里就是家，这何尝不是一种快意人生呢？

古　语：

"八乐养生"诀：

静坐之乐，读书之乐，赏花之乐，玩月之乐，

观画之乐，听鸟之乐，狂歌之乐，高卧之乐。

——〔清〕石成金《养生镜》

第五章　防患未然固本元

【提要】

按照运动方式，养生划分为"摄养"和"预防"两种形式。摄养是为生命注入活力，是培植元气；预防是对消极因素加以抵御、纠偏和补漏，是巩固元气。两者相辅相成，共同守护生命健康。两者的区别在于，摄取是在主动状态下，以平和的方式综合实施的；预防是在被动状态下，以硬性的方式逐次进行的。

一个人身体健康状况怎样，很大程度上取决于预防做得如何。预防是守护生命底线的"基石"，是保护生命健康的"卫士"，是克制不良因素的"利器"。

预防的核心，是以积极的态度打好健康的"防御战"。要提高预防的预见性和警觉意识，增强"外防内戒"的决心和意志，提高自我保健和防范能力，以确保生命的正气充盈、生机旺盛。

人类历史发展到现阶段，由于自然、人文环境等方面发生巨大变化，影响人们养生的不利因素也在增加，养生呈现"摄养"与"预防"并重的新特点。如今，积极预防更具紧迫性、针对性和普遍意义。

《黄帝内经·素问》说：阴阳四时既是万物生长的终始点，也是生死存亡的本源。违背它，就会发生灾害；顺应它，则重病不侵。明白了这一道理，才可算得上通晓养生之道。因此，贤达之人不主张等生病之后再去治疗，而强调在生病之前就先预防。就像治乱，不是在混乱发生后才去治理，而是在发生之前就去防止。明代万全在《养生四要》中告诫人们："与其病后才服药，孰若病前能自防。"这些积极预防的养生理念，应该贯彻于日常生活中。

一、防污染毒害

污染泛滥大公害，人遭摧残物腐败。
外治内防齐发力，兴利避害求自在。

人类赖以生存的大自然，本身具有自净能力。《黄帝内经·素问》说：天气是清净光明的，由于天德隐藏，运行不息，因此永久保持不衰。然而严酷的现实告诉我们，现在的大自然已经被破坏到了近乎难以自净、难以自我修复的程度。环境的不断恶化，多层次破坏了生态系统的稳定性，已经严重影响人类的生活质量，到了非防范不可的地步。多年来，我国环境治理已经取得明显成效，但仍任重道远。

（一）防环境污染

主要包括大气污染、水体污染、土壤污染、噪声污染、农药污染、辐射污染、热污染。空气中主要污染物包括四种：一是二氧化硫。它对人体的结膜和上呼吸道黏膜有强烈刺激性，可损伤呼吸器官，致支气管炎、肺炎，甚至肺水肿、呼吸麻痹。国家环境质量标准规定，居住区日平均浓度应低于$0.15mg/m^3$，年平均浓度低于$0.06mg/m^3$。二是氮氧化物。它可以产生有毒性的二次污染物，可引起肺损害，慢性中毒可致气管、肺病变。国家环境质量标准规定，居住区日平均浓度应低于$0.10mg/m^3$，年平均浓度低于$0.5mg/m^3$。三是粒子状污染物。数量大、成分复杂，主要包括有毒物质和其他污染物的运载体。可被人体吸入，沉积在呼吸道、肺泡等部位从而引发疾病。四是一氧化碳。人体吸收后，易与血红蛋白结合成碳氧血红蛋白，从而降低血流载氧能力，导致意志力、中枢神经功能以及心脏和肺呼吸功能减弱，受害人出现头昏、头痛、恶心、乏力等症状，甚至昏迷死亡。国家空气环境质量标准规定，居住区日平均浓度应低于$4.00mg/m^3$。

这些有害物质含有直接致突变物和间接致突变物，可以损害遗传物质和干扰细胞正常分裂，同时破坏机体的免疫监视，引起癌症和畸形。

环境污染的防治，人人有责。杜绝污染源当然是治本之策，每个人都应该承担起这份责任。当务之急是尽量绿色出行，低碳消耗，节约资源，少制造污染，多种植花草树木。要提高环保意识，当污染比较严重的时候，做好必要防护，减少户外出行，排泄化解污染。

（二）防室内空气污染

造成室内空气污染的物质主要分为三类，即气体污染物、微生物污染物和可吸入颗粒物。我们应重点关注的污染源有以下三大类：

一是建筑装修材料。某些水泥、砖、石灰中，含有放射性镭，镭的衰变物氡及其子体会释放在空气中；甲醛绝热材料，可释放出大量甲醛；石棉可散发石棉纤维，能致癌；家具、装饰用品中，释放多种挥发性有机化合物，主要是甲醛，还有些产品释放出苯、甲苯、二甲苯、三氯甲烷、三氯乙烯、氯苯等多种挥发性物质。建筑装修污染物的释放，需要3～15年，它们造成的主要危害是：（1）导致人体免疫功能异常，肝损伤及神经中枢受影响；（2）对眼、鼻、喉、上呼吸道和皮肤造成伤害；（3）引起慢性健康伤害，缩短人的寿命；（4）严重的可引起致癌、胎儿畸形、妇女不孕症等；（5）对肌肤容颜造成损害。

二是日常用品。家用电器产生电磁辐射，严重的会使人头晕、嗜睡、无力、记忆力衰退。复印机、静电除尘器等设备产生臭氧，刺激呼吸道，损伤肺泡。比如化妆品、洗涤剂、清洁剂、消毒剂、纺织品、油墨、油漆、染料、涂料等会散发甲醛和其他种类的挥发性有机化合物、表面活性剂等，这些通过呼吸道和皮肤会严重影响人体。

三是厨房燃料燃烧。这也是室内主要污染源之一。液化石油气的燃烧，产生NO_2、CO、多环芳烃、甲醛。煤的燃烧主要产生颗粒物、SO_2、NO_2、CO、多环芳烃。这些可引起呼吸道损害、急性中毒、慢性损伤心肌和中枢神经。低浓度的甲醛会对人体产生急性不良影响，如头痛、流泪、咳嗽等症状，高浓度的甲醛会引起过敏性哮喘。长期吸入一定浓度的甲醛，还可致癌。

室内空气污染是人们无法避免的，千万不可麻痹大意。在日常生活中，我们要注意学习了解相关科学常识，购买室内用品时应做好论证和市场调查，不购买质量不过关的产品，避免"图小便宜吃大亏"。还要掌握应对室内污染的有效方法，从生活细微处着手，加强日常防范。

2017年10月，世界卫生组织国际癌症研究机构公布的致癌物清单中，甲醛被列为一类。专业机构列出了甲醛相对浓度的危险度：当甲醛浓度在空气中达到$0.06 \sim 0.07mg/m^3$时，儿童会发生轻微气喘；当室内空气中达到$0.1mg/m^3$时，就有异味和不适感；达到$0.5mg/m^3$时，可刺激眼睛，引起流泪；当达到$0.6mg/m^3$时，可引起咽喉不适或疼痛；浓度更高时，可引起恶心呕吐、咳嗽胸闷、气喘，甚至水肿；当达到$30mg/m^3$时，会立即致人死亡。

《民用建筑工程室内环境污染控制规范》规定，I类民用建筑工程室内环境污染物浓度限类为：甲醛限量值为小于或等于$0.08mg/m^3$，氨$0.2mg/m^3$，苯$0.09mg/m^3$，氡$200Bq/m^3$，总挥发性有机物$0.5mg/m^3$。

现在人们装修房屋对污染危害是有戒备的，但往往缺少科学依据和有效防治方法。比如，许多人在家里装修后用水、醋、红茶去除甲醛，但效果微乎其微。用植物净化空气，实际上许多植物在甲醛浓度高的环境下也会受伤，甚至死亡。用橘子、菠萝等水果吸附甲醛，不但不能去除甲醛，还会使室内的甲醛含量增加。

防止这些污染的直接方法就是尽可能地减少它的危害。一是选择质量达标的产品，多用原生态的材料，宁可少而精，不要多而粗；二是不要急于入住，环保不过关，别搬家，不长留；三是常通风，通过室内空气的流通，可以降低室内空气中有害物的含量，但这个周期要长一些，一般3年以上甲醛才可能去除；四是用甲醛除味剂来净化空气；五是尽可能减少室内活动和停留时间，多到室外换换空气。

（三）防被装污染

人们的床上用品、穿戴的衣帽，有许多都含有有害物质。一是棉、麻等服装原料，在种植过程中使用了大量的杀虫剂、化肥、除草剂等，导致农药残留于棉花、麻纤维中，尽管在制成服装后农药残留量微小，但经常与皮肤接触也会对人体造成伤害。二是纺织原料在储存时，要使用防腐剂、防霉剂、防蛀剂等，此类化学物质残留在服装上，会导致皮肤过敏、呼吸道疾病，甚至诱发癌症。三是在织布过程中使用氧化剂、催化剂、去污剂、增白荧光剂等化学物质，使面料受到污染。四是印染环境的污染最为严重。色彩斑斓的面料，印染中使用的偶氮染料能诱发癌变，甲醛、卤化物载体、重金属也成了健隐形杀手。

因此，人们购买被装、服装时，应该认真挑选，尽量选用原

196

生态材质的物品，使用前应先清洗晾晒，还要勤换洗。

（四）防食品污染

人们每天必须面对、最为忧虑的食品安全问题现在成了最突出的社会问题之一。

造成食品污染的因素主要有三大类：第一类是生物性污染，包括微生物（细菌、霉菌、病毒）及毒素、寄生虫、昆虫。鸡蛋变臭、蔬菜烂掉，主要是细菌、真菌在起作用。有些细菌，比如变形杆菌、金黄杆菌、大肠杆菌可以直接污染动物性食品。真菌中有些会产生毒素，毒性最强的是黄曲霉素。它污染食品后，会引起动物原发性肝癌。我国华东、中南地区气候温湿，黄曲霉素的污染比较普遍，主要污染物是花生、玉米、大米等食物。第二类是化学性污染，农药是造成粮食、蔬菜、果品化学性污染的主要原因。这些污染物还随雨水流入水塘，进入鱼虾蟹体内。还有含铅、镉、铬、汞、硝基化合物等有害物质工业废水、废气及废渣污染农田。食用色素、防腐剂、发色剂、甜味剂、固化剂、抗氧化剂等食品添加剂，有的具有毒性。第三类是物理性污染，产、储、运、销过程的污染物，食品的掺假使假，放射性污染。

食品污染对人体的危害是最直接、最具体的，而且许多危害是潜移默化、积少成多、无可挽回的。一是急性中毒。污染物随食物进入人体，在短时间内造成机体损害，出现急性肠胃炎、头痛等症状。引起急性中毒的污染物有细菌及其毒素、霉菌及其毒素和化学毒物。二是慢性中毒。食物中某些有害物质污染，虽然含量少，但由于长期持续不断地摄入体内并且在体内蓄积，几年、十几年甚至几十年后引起机体损害，表现为慢性铅中毒、慢性汞中毒、慢性镉中毒等症状。三是致畸形、致癌、致突变。某些食品污染物通过孕妇作用于胚胎，使之在发育过程中细胞分化和器官形成不能正常进行，出现畸形胎，甚至死胎。引起致畸形的物质有滴滴涕（DDT）、五氯酚钠、西维因等农药，黄曲霉素B_1也可致畸形。化学物质和其他物理因素或生物因素在机体内可引起癌肿生长作用，如亚硝胺、黄曲霉素、多环芳烃，以及砷、镉、镍、铅等因素。

我们希望通过社会共识、科学理念、行政引导、业主自律等来"齐抓共管"，彻底解决食品安全问题，但作为食用者，还是先在预防上做好功课。一是强化防范意识。掌握必要的食品安全科学常识，增强抵制污染食品的警惕性，养成排斥污染食品的良好习惯。二是尽量不买、不用、不食这类食品，只要有其他选择就尽量不买。三是掌握一些辨别和防范的方法。不买无照、无生产日期、无有效期的食品，坚决不买过期、伪劣、假冒食品，不吃变形、变味、变色食品，不能生、熟食交叉加工，不能混用案具、刀具。冰箱保存食品要严格分类分区，不能冷热混放，不超期保存。餐具要定期消毒。四是掌握一些排泄化解的方法。一旦食用这类食品，要想办法把危害降到最低。

古　语：

　　恶气不发，风雨不节，……与道相失，则未央绝灭。
　　唯圣人从之，故身无奇病。万物不失，生气不竭。

——〔战国〕《黄帝内经·素问》

二、防瘟疫传染

瘟疫袭来实突然，隐蔽传播防范难。

病毒伤身危害大，科学预防保平安。

人类历史上遭遇了无数次瘟疫，有些瘟疫给人类造成了严重后果。瘟疫是由一些强烈的致病性微生物如细菌、病毒引起的传染病，隐蔽性强，传染力大，对人体危害严重，必须高度重视，保持警惕，科学防范。总的来讲，要相信科学，依靠政府，精准施策，做好自己。

一是远离传染源。瘟疫的源头在哪里，就要远离哪里，保持安全距离。随着科技的发展，国家对病毒检测的及时性、准确性大大提高，要相信科学，听从职能部门的指导意见，不到有疫情传播风险的地方去。

二是第一时间隔离。病毒传播途径有多种，主要是接触、飞沫、气溶胶传播。一旦出现疫情，相关人员要迅速隔离，切断传播链条。要做到早发现、早隔离、早检查、早治疗。

三是做好自我防护。最直接有效的方法：出门戴口罩、常洗手、勤通风，外衣注意消毒防护，保持社交距离，避免到人员密集场所聚集。

四是增强自身免疫力。《黄帝内经·素问》说："不相染

199

者，正气存内，邪不可干。"在同样的环境中有人被传染，有人能幸免，专家认为是个体免疫力的差别所致。在短时间内提高人体免疫力的有效方法：睡眠充足，每天必须保持7个小时以上；吃有益健康的优质蛋白，可以拿来做抗体；多晒太阳，有助于生成维生素D；回家可以用水、盐水、优碘加水、漱口水、茶等漱口，可以阻止上呼吸道感染；保持乐观情绪，充实自己生活，提振精神。

古　语：

　　无病之身，不知其乐也；

　　病生，始知无病之乐。

　　　　　　　　　　　　　——〔清〕《格言联璧·持躬类》

三、防起居无常

　　日出而作日落息，阴阳消长顺天笈。
　　四时五气皆不违，谨守纲常从起居。

　　常有这样的情景：夜太美，兴正浓，玩的就是心跳，总有人黑着眼眶熬着夜；天还早，倦未消，最是被窝好，且看他日上三竿赖在床。这确实大有人在呀！该睡时不睡，该起时不起，该吃时不吃，该穿时不穿。生活不规律的结果是，熬夜一时爽，"虽半百而衰也"。特别是正处于当打之年的人们，现在普遍睡得晚、起得晚，睡眠不足。经常熬夜会造成生物钟紊乱，身体免疫力下降，内分泌失调，神经衰弱，加速衰老，损伤五脏六腑。看似小的习惯，关乎大的健康。我们要从一日生活的细节做起，养成规律有序的生活习惯。

（一）起卧有时

"日出而作，日落而息"，这是几千年来老祖宗们总结出的作息法则。《黄帝内经·素问》讲，一日之中，白天是阳主事，夜晚是阴主事，随着太阳的升起、降落，阴阳之气交互消长。《生气通天论》说："故阳气者，一日而主外，平旦人气生，日中而阳气隆，日西而阳气已虚，气门乃闭。"因此，早晨阳气始生，人就要起床，白天阳气主事之时人就要劳作，夜间阴气主事之时人就要休息。通常每天21—23时就寝睡眠，早晨6—7时起床，午睡在12—14时之间。

《黄帝内经·素问》还强调，要按四时生长收藏的规律进行作息：春季要"夜卧早起，广步于庭"，以顺应春阳生发之气；夏季要"夜卧早起，无厌于日"，以顺应夏季华秀之气；秋季要"早卧早起，与鸡俱兴"，以顺应秋令收敛之气；冬季要"早卧晚起，必待日光"，以顺应冬日收藏之气。做到"顺四时而适寒暑"，使人体阴阳气血与天地阴阳变化协调一致，从而保持机体的旺盛生机。

（二）安卧有方

人的一生有三分之一时间是在睡眠中度过的，而这"三分之一"过得怎么样，很大程度上决定另外"三分之二"的状况。睡眠本身既是生理需要，又是一种特殊享受，是"甜美"的，也是"娇贵"的，需要用心"呵护"，越是成年人，越应该重视睡眠。

保证足够的睡眠时间。人在睡眠状态下，身体各组织器官大多处于休整状态，气血主要灌注于心、肝、脾、肺、肾五脏，使其得到补充和修复。而这需要有一定的时间作保证。正常情况下，成人的睡眠时间应为7~9小时，目前医学界推荐的最优睡眠时间是7~7.5小时。中老年人每天睡眠时间以8~10小时为宜。还应切记，睡眠不可过多，"久卧伤气"，越睡越累。睡眠时，人体各系统处于半休眠状态，清醒后，各系统功能的恢复需要一个过程。所以，醒来后不要马上起床，先在床上躺一会儿，再慢慢坐起来，这样可以避免造成心脏、关节等部位的不适感。

床被软硬薄厚适宜。床垫过硬，全身肌肉僵硬，睡觉不解乏；床垫过软，脊椎关节负荷过重，会引起腰痛。被子太厚，易上"火"；被子太薄，伤阳气，易使气血失和、营卫失调，招致外邪侵袭，引起各种疾病。

枕头高低软硬要适中。枕头高度选择，可结合个人的生理弧度确定，一般以10~15cm较为合适。枕头过高，会使一侧颈肌过分牵拉而产生落枕，使头部血流不畅。枕头过低，则会影响呼吸道的畅通，可使头部血管过分充血而出现头面水肿。枕头过硬，会对接触枕面的头皮产生较大压力，影响局部气血流通。枕头过软，则会使头部过于下陷，影响睡眠。

保持正确的睡眠姿势。一般主张向右侧卧，微曲双腿，全身自然放松，一手屈肘平放，一手自然放在大腿上。这样，有利于心脏排血，并减轻负担，同时有利于肝脏获得较多供血，促进新陈代谢。孙思邈说："屈膝侧卧，益人气力，胜正偃卧。"

（三）居处有宜

古人很早就总结出了养生与居住环境之间的密切关系。《黄帝内经·素问》说："故治不法天之纪，不用地之理，则灾害至矣。"强调人类生活必须与自然环境、居住环境协调一致，维护人体的阴阳平衡。《五常政大论》说："高下之理，地势使然也。""高者其气寿，下者其气夭。"意思是说，即使处于同一区域的人，所居住的地势高低不同，人的生化寿夭也不同。地势高的地方，气温低一些，人的体温低，则细胞分裂慢，代谢也慢，所以不容易衰老。相反，地势低的地方气温偏高，人体细胞分裂快，代谢快，阳气消耗得也快，所以人容易衰老。现在看来，处在同一地区的人们，寿夭差异未必那么明显，但所述道理是通的，是有借鉴意义的。唐代孙思邈在《千金翼方》中讲："山林深远，固是佳境……背山临水，气候高爽，土地良沃，泉水清美……若得左右映带，岗阜形胜，最为上地。地势好，亦居者安。"适宜养生的居住环境，应该是阳光充足，空气清新，水源洁净，土壤肥沃，景色秀美，整洁安静。在选择宅院时，还是要有所讲究的，首先院落看着顺眼，四周感觉舒服，房型符合预期，尽量选择无污染、少噪声、相对清洁、安静的地方，还应避开有高压线强电场、强磁场和超声波、放射线的区域。要注重打造宜居环境，在住宅旁多种植树木、花草，有条件的可建水系池塘，培植休闲景观，保持公共场所整洁，调节空气，美化环境，增强舒适感。

（四）衣着有益

现代人的服饰可谓丰富多彩，几乎应有尽有，但过分追求时尚、穿戴不实用的问题随之而来，穿戴反常的结果是，老年以后患上关节炎、老寒腿、腰痛病等。

在服饰穿戴上应遵循：春天要防风，服饰面料和款式要挡风厚实挺括。夏季要防暑，服饰宜宽松透气凉爽，但不宜裸露以防避暑而感寒。盛夏要防湿，服饰面料的吸湿透湿性能要好，款式宽松。夏季不宜光脚，鞋底不可过薄，因为暑热和湿气由地蒸腾而上，脚底易感暑湿之气，地之湿气感则害皮肉筋脉。秋季要防燥，服饰面料防燥防静电。冬季要防寒防风，服饰面料和款式要宽厚绵软挺实，抗风御寒性能好。服饰防寒防暑均应适度，防寒不宜出汗，防暑不宜感凉。

《弟子规》还告诉人们，"衣贵洁，不贵华；上循分，下称家。"衣着穿戴，不在于是否华丽显贵，重要的是整洁合身，不追求奇装异服，不过分纠结挑剔，不自添烦恼，讲求与自己的身份和条件状况相符合，求得舒适得体就好。这种生活状态，本身就是自信。

古　语：

　　治身养性，务谨其细，不可以小益为不平而不修，不可以小损为无伤而不防。

——〔晋〕葛洪《抱朴子》

自
然
自
得

四、防饮食不节

饮食无度必伤身，明知故犯嗜欲深。

可叹瘾君不成志，唯唤醒来一达人。

现在许多病都是吃出来的，癌症高发，高血压、高血脂、高胆固醇近乎常态，糖尿病、肥胖症、痛风等患者明显增多。我们应该追求正常、健康的生活方式，有意识地去克服和改变那些不良的饮食偏好。回家吃饭，烟火人间，脾胃和顺，乐而无厌。何乐不为呢？

（一）忌大鱼大肉

十个胖子九个虚。你看他，越香越吃，越吃越馋，吃来吃去，吃出个大胖子，走起路来气喘吁吁，一吃不好就拉肚子。吃了这么多好东西，按说应该身强体壮，怎么还"虚"了呢？由于大鱼大肉、肥甘厚味之品，久食过度后，需要大量肾之元气支持"胃火"，才能把这些肉食之品烧热消化，之后才能被脾运化而为体内所利用。久而久之，脾胃功能负担过重，就会导致升清降浊功能下降。因为不能及时运化与吸收各种食物，那些无法及时运走的食物就变成体内之垃圾，所以这些人就出现了身肥体虚、发胖乏力，体重增加无形中增加了心脏负担。心脏需要更大的阳火燃烧，才能把身体带动起来，保持正常的气血运行。这又谈何容易？过多地消耗体内元气、阳气，导致进一步阳虚，长此以往，便形成了恶性循环。这个时候，其他病就很容易乘虚而入。《黄帝内经·素问·生气通天论》说："高粱之变，足生大疔，受如持虚。"意思是，经常进食肥美厚味的食物，易内生滞热，就会引发疔疮，而哪条经脉虚，疔疮就从哪条经脉发生。《奇病论》说："此肥美之所发也，此人必数食甘美而多肥也，肥者令人内热，甘者令人中满，故其气上溢，转为消渴。"所讲的就是吃出来的糖尿病。

《通评虚实论》早就明确了这样的结果："凡治消瘅仆击，偏枯痿厥，气满发逆，肥贵人，则高粱之疾也。"像肥胖症、脂肪肝、糖尿病、高血压、心脑血管疾病、肢体痿废、心肺气虚等疾病，如果病人是肥胖之人，多是由于偏好肉食厚味所造成的。请谨记：美味不可多得，肥厚只作调剂，五味定要均衡，饱到七分最好。

（二）忌烟酒无度

先说戒烟。权威的研究结果表明，每点燃一支香烟，将释放4000种有毒有害物质，主要有尼古丁、一氧化碳、煤焦油、苯并芘、放射性物质、重金属等。一支香烟中的尼古丁足以毒死一只小白鼠。苯并芘、煤焦油是强致癌物，一氧化碳造成机体缺氧，心脏、血管受累。

主要危害：一是致癌。香烟本身含有大量致癌物质或有毒物质，已知的至少有250种。流行病学调查表明，吸烟是肺癌的主要致病因素之一。吸烟者患肺癌的危险性是不吸烟者的3倍。吸烟者喉癌发病率较不吸烟者高十几倍，膀胱癌发病率增加3倍。此外，吸烟与口腔癌、胃癌、胰腺癌等的发生都有一定关系。二是对心脑血管的影响。烟雾中的尼古丁和一氧化碳是公认的引起冠状动脉硬化的主要有害因素，吸烟者的冠心病、高血压、脑血管病及周围血管病的发病率均较不吸烟者明显增高。吸烟者与不吸烟者相比，冠心病发病率高3.5倍，中风的危险性高2～3.5倍，如果吸烟与高血压同时存在，中风的危险就会高近20倍。三是对呼吸道的影响。吸烟是慢性支气管炎、肺气肿和慢性阻塞性肺疾病的主要诱因之一。研究发现，长期吸烟可使支气管黏膜的纤毛受损、变短，影响纤毛的清除功能。黏膜下腺体增生、肥大，黏液分泌增多，成分也有改变，容易阻塞细支气管。四是对消化道的影响。吸烟可引起胃酸分泌增加，并抑制胰腺分泌碳酸氢钠，致使十二指肠负荷增加，诱发溃疡。烟草中烟碱可使幽门括约肌强力降低，使胆汁易于反流，从而削弱胃、十二指肠黏膜的防御因子，促使慢性炎症及溃疡发生。吸烟还可降低食管下括约肌的力量，易造成反流性食管炎。五是导致其他如不孕不育、骨质疏松、更年期提前、早产、死产等多种病患，还会增加罹患白内障和视网膜黄斑性病变的风险，而黄斑性病变正是导致视力下降的罪魁祸首之一。还有一个被动吸烟问题。研究表明，被动吸烟者所吸入的有害物质浓度并不比吸烟者低。吸烟者吐出的冷烟雾中，焦油含量比其吸收入的热烟雾中的多1倍，一氧化碳多4倍。国际性的抽样调查证实，吸烟致癌患者中50%是被动吸烟者。

　　戒烟吧，朋友，为了你和他人的健康。既不要图一时之快，又不要心存侥幸，更不能总找借口为自己开脱。现实情况是，家人反对你抽烟，公共场合禁止你抽烟，经济条件限制你抽烟，最为重要的是生命健康不容你抽烟。其实，戒烟最根本的"疗法"是个人的自制力。

再说限酒。酒在我国已经盛行7000多年，其魅力仍是昌盛强劲，然而因饮之无度而伤身者比比皆是。酒性通经脉，提神情、行药势。少饮，能养脾扶肝、通血脉、厚肠胃、御风寒，还可怡情助兴；多饮，则损身体、腐胃肠、乱性情。民间酗酒者主要有几类：第一类是酒局太多，喝酒过频，虽然自己很注意身体，但胃还是经常被酒精浸泡着；第二类是逢酒便喝，喝则必多，贪酒好乐，不能自控；第三类是长年累月喝，一天两三顿，没酒不吃饭，患上了酒精依赖症。看一看周围的人，那些身体出了问题的，不少与饮酒有关，更为悲惨的是，有人直接被"撂倒"在酒桌上。酒已经成为危害嗜酒者健康的"隐形杀手"。

《黄帝内经·素问·厥论》中专门讲到了酒，大意是这样的：酒进入人的胃中，因为酒气之性剽悍，能使人体络脉中血液充满，而经脉反显虚陷。脾的功用是帮助传送胃中的津液，如果人饮酒过量，脾无物可送，人体阴气就会不足，阴气不足则阳气实，阳气实则胃气不和，胃气不和则水谷的精气就会衰减，精气衰减则无法给人体四肢提供养分。酒气盛而性烈，人的肾气被酒气所伤就会日渐虚弱。而阳气独盛于内，故此人就会手足发热。

酒精在人体内是怎样活动的呢？科学研究表明，酒精的分解代谢主要靠两种酶：一种是乙醇脱氢酶，另一种是乙醛脱氢酶。

乙醇脱氢酶把乙醇分子中两个氢原子脱掉，使乙醇分解变成乙醛。而乙醛脱氢酶则能把乙醛中的两个氢原子脱掉，使乙醛被分解为二氧化碳和水。人体内若具备这两种酶，就能较快地分解酒精。一般人体内都存在乙醇脱氢酶，而且数量基本相等，但缺少乙醛脱氢酶的人就比较多。因此，这部分人喝酒后，酒精不能被完全分解为水和二氧化碳，而是乙醛继续留在体内，从而产生恶心欲吐、昏迷不适等醉酒症状。

元代名医忽思慧在《饮膳正要》中讲到酒时说："少饮尤佳，多饮伤神损寿，易人本性，其毒甚也。醉饮过度，丧生之源。"《本草纲目》说："若夫沉湎无度，醉以为常者，轻则致疾败行，甚则丧邦送家而陨躯命，其害可胜言哉！"过量饮酒，五脏长期被酒精浸泡，危害甚多，最主要的是，加重肝脏氧化分解负担，造成肝脏受损，肝细胞变性，肝细胞硬化，甚至继发癌变。酒精刺激胃肠，使其减少消化液分泌，损伤胃壁组织，出现消化不良，引发胃炎、胃溃疡、痔疮等症。酒精能损害口腔，造成听觉障碍，咽喉部癌症发病率大大提高。过量酒精会使大脑皮质萎缩，造成大脑功能性障碍和意识障碍。酗酒还会诱发和恶化氧化应激类疾病，如2型糖尿病、高血压、血脂异常、痛风等症。还易诱发不孕不育、胎儿发育畸形等症。另外，酒多常失态，酒后易失德，这可不是生活小节的事情。《抱朴子》在讲到酗酒的危害时说："君子以之败德，小人以之速罪，耽之惑之，鲜不及祸。"这说明饮酒还会增加精神负担，影响身心健康。

重"酒德"，始终应该是酒文化的核心。早在3000年前的西周时期，《尚书·酒诰》就已经把饮酒行为与国家政治相联系，有人称这是我国第一篇"戒酒令"，集中体现了儒家的酒文化思想。《尚书·酒诰》说："饮惟祀"，就是只有在祭祀时才能饮酒；"无彝酒"，就是平常少饮酒，以节约粮食，只有在得病时才宜饮酒；"执群饮"，就是禁止聚众饮酒；"禁沉酒"，就是禁止饮酒过度。后来有人提倡"逸、和、友、敬、雅、节"，主张饮酒要逸兴、团结、融洽、礼让、雅致、节制，不酗不湎不沉，适情适度适量。这"六字经"，今天仍非常适用。

在饮酒的把握上，心中应有"三道限"：一要控制总量。古人有言"唇齿间沉酒然以甘，肠胃间觉欣然以悦"，超过此限，则立即"覆斛止酒"。掌握总量，控制酒速，该"刹车"时坚决"踩刹车"。二要减少频次。拉长两顿喝酒的间隔，限制喝酒频率，小杯慢酌，温热而饮。三要注意情绪。不喝生气酒，不喝憋屈酒，不喝悲痛酒，不喝赌气酒，不喝别扭酒。

（三）忌常吃外卖

这是近年来井喷式爆发的新兴事物。吃外卖快餐，几乎成了城市年轻人就餐的常态，似乎成为一种时尚。它在给人们生活带来方便的同时，也产生了不少负面影响，不仅助长了懒惰之风，更直接给人的健康带来隐忧。

外卖快餐通常高油、多盐、重口味，常吃不仅增加肠胃负担，引起消化不良，还会引发高血压、高血脂、血管堵塞等心血管疾病。有一些小食品存在高盐、高糖、高脂肪酸以及防腐剂、色素超标等问题，对人体健康特别是少年儿童发育有很大危害。

常吃外卖还会直接引发胃炎、便秘，出现咽痛、口臭、口腔溃疡、牙痛、腹胀等症状。

对于这种现象，一方面应从饮食营养和安全上考虑，另一方面要培养良好的精神品质和生活习惯。我们应该享受社会发展的成果，但饮食文化不能被简单化，勤俭是国人的生存之道、立足之本，任何时候都应该坚持和发扬，使生活本身的内涵更加丰富。快餐偶尔应急可以，不能当家常便饭，不能当时尚生活。

常在家做饭，哪怕只是做饭刷碗这种程度的运动，只要每天坚持下去，也有利于身心健康。拥有一手好厨艺，既是生活能力，又是人生乐趣，还便于营造家庭氛围。自己做饭，可以保证餐具洁净，食材新鲜，烹调有道，调料合理，还可以根据自己的情况来调整，更易实现营养均衡。因此，无论处于哪个年龄阶段，只要条件允许，我们应该自己动手，在家做饭。

古　语：

　　夜饱损一日之寿，夜醉损一月之寿。

　　　　　　　　　　——〔唐〕孙思邈《千金翼方》

五、防积劳成疾

过劳伤身失本钱，回顾眼前一青山。

劳逸结合讲科学，笑迎明日艳阳天。

　　现在，中青年群体亚健康问题十分突出。有调查表明，中年人群中处于亚健康状态的比例接近50%。国内医学界把亚健康列为21世纪人类健康的大敌。

　　"亚健康"是如何界定的呢？处于健康和疾病之间的一种临界状态，注重保养，健康指标就会好一些，若任由发展，身体就会出现问题。人到中年以后，新陈代谢速度减慢，机体的抵抗力和恢复力都逐渐下降，身体对疲劳的调节作用也不及年轻人。如果工作时间过长、劳动强度很重、心理压力太大，就会出现四肢无力、头晕耳鸣、情绪低落、记忆力减退等筋疲力尽的状态，这是典型的亚健康状态。如果任其发展下去，很容易加速积劳成疾的进程。

　　（一）认清过劳的危害

　　《黄帝内经·素问·举痛论》说："劳则喘息汗出，外内皆越，故气耗矣。思则心有所存，神有所归，正气留而不行，故气结矣。"原文是在前面先表达了"人体众多疾病的产生都是因为气机失调"之后，说了这段话：人过分劳累则气喘、出汗甚多，大喘消耗内气，流汗过多消耗外气，内外之气皆消耗，因此说是气耗。人思虑需要集中精力，专心致志，这就导致人体正气滞留而不能循行，因此说是气结。这段话把体力劳动和脑力劳动过劳的情形都讲到了。《黄帝内经》还多次提到过劳伤身的问题，反复告诫人们要劳逸适度。

过度劳累导致高发的疾病主要有：身体长时间处于过度紧张和疲劳状态，容易导致脑功能紊乱，继而诱发神经衰弱。长时间伏案工作，容易导致颈椎病、腰椎病、肩周炎等症。长时间得不到休息，肠胃很容易出现不适，继而诱发胃炎、胃溃疡、十二指肠炎等疾病。长时间劳累，身体得不到修复，容易患高血压、糖尿病、冠心病，甚至导致肿瘤细胞过分增长。长期过度紧张，容易导致失眠。因为工作时间过长，劳动强度过大，心理压力太大，心力交瘁之时，一旦引发潜在的疾病急性恶化，救治不及时，就会造成猝然死亡。还有一些职业病由于没有及时矫正而变成慢性病，造成终身痛苦，有些涉及粉尘、废气污染等特殊职业，如果防护不到位，长期劳作也容易落下病根。

（二）了解过劳的状况

是否出现过度疲劳，可以通过关注以下现象来作基本判断："将军肚"早现，脱发、斑秃、早秃，记忆力减退，说话有气无力，易怒烦躁，注意力不集中，睡眠质量差，头痛、耳鸣、目眩，双腿走路无力，食欲减退，容易腹泻或便秘，体重不知不觉下降，经短暂调整仍缓不过劲来。如果同时存在以上五六种情况，就说明已经有较严重的慢性疲劳，或者意味着潜在疾病在身，应该引起高度警惕。

（三）掌握调节的方法

一是心里想得开。工作永远干不完，勤奋也要以充沛的体力作保证，走得远必先有个健康的体魄才行。许多时候，讲效率比耗时间效果更理想，足够的储备恰恰能够成就超常的发挥。工作中要量力而行，适可而止。克服急躁情绪，学会给自己减压，学会用平常心对待那些看似急迫的事情。二是工作安排得当。对于工作任务要做到心中有数，善于在工作和休息之间寻找平衡点，区分轻重缓急，合理制订计划，灵活把握节奏，有效调节时间，讲究劳逸结合。三是修养做得到。积劳成疾有一个渐进的过程，因而许多人往往不把它当回事，等身体出现问题才有所醒悟，常常为时已晚。身体虽不可太娇惯，但也不能严重透支。应该了解自己职业的特点，定期体检，感知身体状况，及时通过休闲、食补、娱乐等方式进行修养，有效调节，对症修复，始终让身体保持一个良好状态。一旦发现身体出现过劳引发的疾病，不可有太多顾忌，不能硬撑，以免错过最佳治疗时机。可视情况进行药物治疗、情绪治疗、饮食治疗、康复治疗，还要对基础疾病进行跟踪管控，避免引发疾患急性恶化。

古　语：

　　节嗜欲以养精，节烦恼以养神，节愤怒以养肝，
　节辛勤以养力，节思虑以养心，节悲哀以养肺。

——〔明〕汪绮石

六、防烦闷郁结

会宣泄，常疏导，身与心，兼顾好。

勤健身，汗溢表，排毒素，气血调。

开口笑，心宽绰，解郁闷，情志高，

与时进，广谊交，文武道，两三招。

吃得香，睡得着，神气定，人不老。

一些人因精神负担过重、郁闷不能及时化解而产生心理障碍，甚至精神抑郁或引发其他心理疾病，已经成为影响人们生活质量、损害身体健康的一个突出问题。现代医学认为，精神上的疾病病理构成极其复杂，从脑与心理的相互作用来看，如果较长时间郁闷不解，心理活动反映到神经活动上，就会出现负面情绪过度反应，对正面情绪却毫无反应，导致情绪调节能力严重下降，认知功能及相关神经活动相应减退，自己无法正常地支配自身。一旦发展到这种程度，那么痛苦和危险随之而来。

（一）避免心里疙瘩越积越大

每个人难免在事业、婚姻、家庭等方面遇到不如意、挫折甚至失败，给心理造成冲击，特别是人到中年以后，事业处于巅峰期，当职级晋升、机遇把握、重大事件、家庭变故等方面遇到困惑时，往往给心理造成巨大压力。有些人因此背上心理包袱，久而久之，造成精神抑郁不解，出现心境低落、思维迟缓、意志减退，认知功能损害，乃至躯体出现失眠、乏力、胸闷、心慌、恶心、便秘、食欲减退、体重下降等症状，痛苦难耐，生命维艰。还有更为严重的后果，一些患有癌症的人，与心里疙瘩长期解不开、精神负担过重是有关系的。

"解铃还需系铃人。"及时化解心里疙瘩，消除烦闷情绪，说到底还是要靠自己。一个成年人，应该具有处理危机的警觉意识，当遇到困惑或重大挫折时，首先要对自己面临的形势有一个预判，并迅速建立起心理防护"屏障"，有一道"闸"要及时搬起来，这也可以说是"黄金时间"的"黄金切割"，即树立一个信念：在重压之时，自己绝不能倒下，必须顶上来、扛得住。用超凡的意志力把烦恼、忧愁切割在外，尽可能地让思绪保持正常状态，让内心维持以往的平静，让情志得到平缓疏解。这道"闸"真的搬起来，你面对困惑的态度和方法就大不一样，你会站得更高，看得更淡，想得更开，做得更好，身心也会得到很好的保护。经历过了这段艰难的岁月，你的心理会变得更强大，你自然变得更优秀。

这个意志力从哪里来呢？通过不断的磨砺，培养信念、韬略和胸怀，去获得属于自己的那份坚定、理智和超脱。要善于陶冶性情，使内心更加坚定、开朗、洒脱。哲学能开通人的思想，遇事善于辩证地去看待，许多扣子就容易解开。在日常生活中，还应学会倾诉，把闷在心里的话说出来，在交流中获得释放和慰藉。培养兴趣爱好，找到新的兴奋点也是好方法，用积极的心态去面对低落的情绪，让阳光照进你的生活，自信很快就会回来。还可以多做运动，减轻压力，调动积极情绪，舒缓身心。

（二）别把失眠当小事

谁都有失眠的时候，偶尔有之，过去便罢，不必在意。但是若长期失眠，则痛苦不堪，隐患不少，必须引起足够重视，尽早解决。失眠的原因有多种，因身体疾病造成的，或者因环境、饮食、用药等造成的，需要通过对症治疗和调理去解决。这里主要是针对心理、精神因素导致失眠的问题作以提示。事实上，大多数人失眠，重要原因正在于此，治疗调养难也在于此。由于工作与学习的压力、生活的打击、意愿未遂、人际关系紧张等原因，使人产生心理和生理反应，导致神经系统功能异常，造成大脑功能性障碍，出现入睡前思想繁杂、情绪焦虑、肌肉紧张，静卧30分钟仍不能入睡，睡眠时间偏短，质量下降，多梦，易醒，醒后难以入睡，还有就是早醒。失眠常带来烦恼，烦恼使人厌睡，久而久之，形成恶性循环，从而打破正常的生物钟。失眠有许多危害：一是人的日间认知功能出现一些障碍，如记忆功能下降、注意力下降、行为能力下降。二是会造成大脑边缘系统及其周围的自主神经功能紊乱，胸闷、心悸、血压不稳，运动系统会导致颈肩部肌肉紧张，引发头痛，还会导致腰痛。三是情绪控制功能降低，使负面情绪产生且难以自行纾解。有些失眠者还会出现短期内体重下降、免疫功能下降和内分泌功能紊乱等症状。另外，许多疾患的发生与长期失眠也有一定关系。因此，对于失眠问题，不应掉以轻心，任其发展，一定要早发现、早调理、早治疗、早根治。调节情绪，可通过转移注意力、增加运动量产生疲劳感、睡前松弛神经、调节睡眠环境、改变不良生活习惯等方法加以调理。必要时到医院求助医生，用药物治疗。

（三）自我封闭要不得

有些人过了中年特别是退休在家以后，生活呆板乏味，思想情绪消沉，习惯独处、沉思，把自己与外界隔绝开来。有些人清高和寡，理想色彩浓，不如意者多，忧心事不少。有些人喜欢闷在家里，甚至闭目塞听，离群索居，重复单调的生活。长此以往，与外界联系少，活动少，朋友少，笑声少，心理焦虑情绪上升，抗挫折能力下降，自制能力降低，爱生闷气，常会感到孤独寂寞、精神压抑、情绪消沉。久而久之，身体的其他毛病逐渐找上门来。

《黄帝内经》中反复强调"形与神俱"，主张"形神兼养"，以"养神为主"。这就告诉我们，只有形体不敝，精神不散，才能健康长寿。心理健康要做到"志意和"，主要标志是精神和谐，心理健康，情绪稳定。

世界卫生组织提出了关于心理健康的7条标准：（1）智力正常；（2）善于协调和控制情绪；（3）具有较强的意志和品质；（4）人际关系和谐；（5）能动地适应并改善现实环境；（6）保持人格的完整和健康；（7）心理行为符合年龄特征。

人的本质属性是社会性，淡化了这一点，人性就会有很大的缺失，人肯定不舒服、不自在。因此，每个人在选择生活方式的时候，要始终生活在社会氛围中，主动融入周围的群体，积极参与到社会的主流活动中来。本着活到老、学到老、改造到老的态度，保持开放的心态，放下架子，打消顾虑，冰释前嫌，克制个性，调动情绪，以平常心过正常日子，以宽敞的胸怀去融入社会，以忘我的姿态创造属于自己的快乐。你的心是开放的，这个世界就不会对你封闭；心里装得下这个世界，这个世界就是属于你的；五彩缤纷的世界带给你的是目不暇接的充实，充实带来的快乐自然就是滋养生命的"美味佳肴"。

古　语：

悲哀愁忧则心动，心动则五脏六腑皆摇。

——〔战国〕《黄帝内经·灵枢》

七、防任性无忌

任性一时爽，自律才远长。

健康是责任，岂可失担当。

有这样一些人，年轻时身体基础挺好，自身素质和各方面条件也都不错，按常理身体应该保持得比较健康，是长寿之人，却因为身体严重透支、过分耗损，慢慢就掉下队来。这确实令人惋惜，教训发人深省。《史记·扁鹊传》说："骄恣不论于理，一不治也。"意思是说，特别任性、不讲道理的人，医生不能给他治病，没有用。同样的道理，这种性情就养生来讲，也是大忌。

《黄帝内经·素问》说："喜怒不节则阴气上逆，上逆则下虚，下虚则阳气走之，故曰实矣。"告诫人们：精神上的不节制，身体得的是实证，是很危险的。钟南山院士也曾讲过："最大的医生是自己，如果没有好的习惯，医生也没办法。"回过头来看，人这一生，就是在把小时候的性格放大，把优点放大的人，会越来越优秀，最终会取得比较满意的成果；而把缺点放大的人，总是成熟不起来，一辈子也没出息。

（一）防刚愎自用

一个人年轻体壮的时候，总以为疾病和死神只会光顾别人，与自己无关。这个天真的误判就给任性妄为者壮了胆子。有些人无所顾忌，随性而为，胡吃海喝，贪玩熬夜，寒暑不避，经常胡乱折腾，终有一天身体出了状况，高血压、糖尿病、胃肠疾病等慢性疾病缠身，有的甚至突患重症，令人措手不及，悔之晚矣。最逞强的，往往就是最先衰弱的。

一个健全的人，应该有一种自我反省精神。孔子说："吾日三省乎己，则知明而行无过矣。"我们不必像孔子所说的那样经常反省自己，那样太累，但反省精神是必不可少的，任何人都需要，那些自律能力差的人尤其需要。自省使人谦虚，谦虚使人进步。有了这种反省精神，就有了看到自身缺点和不足的勇气，就有了克服缺点、弥补不足的动力，就有了不断加强自我修养、提高自身素质的意志。还要懂得知止。一个人身体的承载力终究是有限的，一味地挥霍消耗，任何人都承受不了。凡事要学会掌握"恰到好处"的意境，这看似平常，其实是人间的极品境界，要

220

懂得珍惜和拥有，尽可能让身体保持一个良性循环的状态。不要总是在极限边缘游走，带来隐患不说，还可能出现不可逆转的后果。

另外，要听得进别人的劝诫。人太倔强、自以为是、一意孤行，听不进别人的良言相劝，不仅要吃眼前亏，更大的损失可能还在后边，过日子萎缩，干事业受挫，身体健康受损。仔细想想，因性格使然，实际是很不值得的，是自己跟自己过不去。长此以往，别人不想管，自己管不了，撞了"南墙"也回不了头。一个人，心胸再窄，心灵这扇门总应该敞开着；骨头再硬，心里总应该有柔和的一面；主意再正，有些人的话你要听得进才行。只有这样，才算既不辜负别人，也是善待自己。这是养生之道，又是生存之道。

（二）防无视责任

在这个世界上，唯有生与死才是最大的事。看一看残酷的现实，摧毁一个家，只要一场病就足够。有一种呼唤，叫"健康是你的责任"。这是来自亲情、友情、爱情的肺腑之言。请记住，你的健康不属于你自己。每个人实际上都具有社会、家庭、个人三重身份。对于社会角色而言，贡献集体是应尽的责任，但尚可替代；对于家庭角色而言，每个人的身份都是唯一的，既承载着爱，又寄托着爱，相应的责任也是无可替代的；对于个人角色而言，一个人的生命就是人生的全部，失去了健康，一切都将是零。一个人，对于社会而言是一根小草，对于家庭而言就是一棵参天大树，对于自己而言就是整个世界。有些人不爱惜身体，任性放纵，从深层次上讲，就是没有从责任上认识自己生命的意义，抑或是极端自我作祟。试想，一个不懂得爱自己的人，又怎么有心思和能力去爱家庭、爱社会呢？世间最美好的爱都是先学会爱自己然后爱他人。对他人缺乏责任感的人，爱自己的动力要么不纯，要么不足，自然就缺乏足够的担当精神。所以，对生命价值如何定位非常重要，不上挂下联、前思后想肯定是不到位的。健康是你的责任，自律是你的担当，长寿是你的贡献。如果有了这样的认识，那么为自己也是为他人，是不是都该好好活着呢？

（三）防心存侥幸

生活中类似烟酒无度的人，常常都有侥幸心理，总觉得那么倒霉的事情怎么可能让自己摊上呢？他们往往忽视科学和规律的存在，喜欢"撞大运"，摆出一副不以为意的样子，其实心里是比较空虚的，因为他们缺少了信念和坚持。

在人的潜意识里，侥幸心理或多或少都存在，这本无可厚非，但这里的关键在于，你的侥幸达到什么程度，在哪些事情上容易发作，能不能自控。当一个人喜欢用幻想麻痹自己，对侥幸形成心理依赖，这就危险了。即使是衣食住行这些看似平常的事，在涉及生命健康的问题上，的确是要不得的。因为生命很脆弱，经不起折腾。一次次的"破坏性试验"，会大大加速生命自然衰老的进程。人体各项指标的变化是一个潜移默化的过程，当出现异常反应时，可能就变成慢性病，有些疾病一旦得上，就是不可逆的。常在河边走，哪有不湿鞋，千万别幻想自己就是

"幸运儿"。一些病患缠身的人,最后悔的就是自己"曾经的潇洒"。当然,我们主张克服侥幸心理,是意在避免冒险和蛮干,并不是让人们把好好的日子过得很拘谨、沉闷,生活本义就包含轻松和自如,幸福也是多姿多彩的,日子离不开激情和欢乐,我们把握好就是。

古　语:

> 傲不可长,欲不可从,志不可满,乐不可极。
>
> ——〔西汉〕戴圣《礼记·曲礼上》

八、防自洁成癖

> 日常生活最平凡,苛刻而为乃极端。
> 地气不接徒无益,做得俗人天地宽。

北宋时期有位著名的书法家叫米芾,好洁成癖,只要手碰过东西就必须立马洗手,不管走到哪里,都要仆人拿着水壶随时准备洗手,他自己的东西从来不让别人碰,也不去碰别人的东西。米芾曾经担任过知县、知军等官职,有一次,他要去担任祭祀官员,可发来的祭祀服是往年别人穿过的,他无论如何也接受不了,拿回去一遍一遍地洗,结果洗掉了色。在祭祀现场,米芾穿的祭祀服特别显眼,皇上见了认为这是大不敬,就罢免了米芾的官职。

米先生好洁成癖，干净过了头，结果给后人留下了笑柄。然而，现如今"米先生"可不少。一个老朋友，手提包里必备酒精棉，与人握完手，离开现场马上擦手，上班第一件事就是用酒精棉给电话消毒，到饭店用餐前先把餐具清洗一遍，家里客人走后用过的东西立马全部清洗。真是够讲究的。可是他经常闹肚子、患胃肠感冒，出差换个地方就水土不服，而且体质并不好，50多岁毛病就找上门来了。现实生活中类似的情况不少，一些人把讲究卫生甚至养生做到了不恰当的地步，分析起来，这是个由自恋、自洁引发偏执进而导致强迫的连锁反应，并不是一种健康的心理状态。例如，有的人过于干净，接触什么东西都不放心，反复消毒清洗，周围环境一尘不染，实际上患上了强迫症，导致小毛病不断，自身免疫功能下降。

《道德经》第二十九章道："圣人去甚，去奢，去泰。"老子是拿宇宙的共同法则，即"世界上的任何事物都是相对的"这个大道理来告诫人们，万事不要做得太过分，超过限度就会发生变化，要懂得适可而止，遵循归于中正、处以和平之道。联系到我们身心健康上，就是要以"适度"为原则，不过分敏感，不走极端，不能"草木皆兵"。

身体越不适用，免疫功能退化得越快，这就是所谓的"用进废退"原理。人体的免疫分为先天性免疫和适应性免疫两种。先天性免疫是一种无选择性排斥、清除功能，适应性免疫被称为免疫系统的"王牌军"，主要功能是产生抗体和细胞介导免疫。人的免疫力并不是从营养中直接获得的，而是依靠人体内外的各种病原刺激，激发免疫系统产生的。当极少量的细菌、病毒侵入时，就可以迅速动员，做到针对性防御。在这里，这些极少数细菌、病毒相当于给人体打了"疫苗"。如果人体的内外环境长期处于"干净"状态，一方面不能动员人体正常的防御系统；另一方面人体的免疫系统长期处于"休眠"状态，会造成免疫系统紊乱，导致不识别"入侵者"或"敌我不分"，造成各种错误的免疫排斥、抑制和过敏等问题发生。

老话说得好，"不干不净，吃了没病"，这并不是说不要注意卫生，腐败变质的东西当然是不能吃的，它所传达的是生活本身应该具有的那种质朴随意、无所苛求。20世纪七八十年代，文工团经常下基层演出，一去就是几个月，回来后，每个人都黑里透红、精气十足。他们说，到了下边是什么福都能享，什么罪都能遭。吃百家饭，睡大通铺，上旱厕所，没有那么多讲究，他们接的是"地气"，享受的是集体快乐。无论怎么说，人都要"皮实"一点儿，五谷杂粮、张瓜李枣都能吃得香，刮风下雨、冬寒夏暑都要经得起，过平平常常的生活。现在生活条件好了，人们养成了讲究卫生的良好习惯，但不要对任何事物都心存芥蒂，不要对任何事物都过分挑剔。我们要融入大众生活，保持一种自然的生活状态，平日生活接地气，一切顺着自然来，享受那种自由自在的快乐。

古言：

全则必缺，极则必反。

——〔秦〕《吕氏春秋》

九、防迷信愚钝

迷信愚钝受伤害，无知轻信忑无奈。

笃信科学辨真伪，庭内清静人自在。

　　迷信是一种很复杂的心理活动，除少数操纵者外，大都与无知、好奇、奢望等相关联，产生的是错误的偏执、排他和冲动，诱发的是幻想、崇拜和盲从，导致的是迷惑、伤害和毁败。愚钝容易被"忽悠"、蒙蔽，轻易吃亏、受害。这些一旦渗透到身体保健中都是伤害，现实生活中的教训发人深省。追求生命健康，一定要相信科学，防止上当受骗。

　　一是少对特定对象言听计从。认识一个事物，要做全面了解和较长时间观察，不轻易作结论，不偏听偏信，避免先入为主，不形成心理暗示，不盲目相信特定事物，不被虚言假象所迷惑，还要对"故弄玄虚"的人保持警惕。

　　二是克服"贪小便宜"心理。行骗者之所以能够屡屡得手，是因为他们善于打"心理战"，常出"组合拳"，特别是利用了一些人尤其是老年人爱贪小便宜的弱点，采取"金钩钓鱼"等手段，施以小恩小惠，诱人上当。现在搞传销的已经形成了产业链，隐蔽性强，欺骗性大，渗透面广，防不胜防。吆喝最响的，往往是最不可靠的，你的心不为小利所动，所有的圈套就都与你无关。

三是掌握必要的科学常识。那些"大仙""神医"为了包装自己，往往故弄玄虚，"穿靴戴帽"，让无知的人上当。然而，迷信的东西在科学面前很快就会现出原形。只要掌握足够的科学知识，伪科学就会不攻自破，迷信的东西自然会被唾弃。

四是培养自我纠偏的能力。有些人之所以误入歧途，是因为把一时的偶然当成了必然，或者不情愿承认错误，不愿意触碰自我反省这根神经，不能接受自我否定，因而变成了真正的迷信。人要有一种自省精神，还要具备一定的自我纠偏能力，能够从固执和偏颇中走出来，不断战胜自我、完善自我。

古　语：

养生以养主，故心不病则神不病，神不病则人不病。

注：主是指心。第一句解释为：养生应当以养心为主。

——〔清〕梁文科《集验良方·养生篇》

十、防讳疾忌医

讳疾忌医非笑谈，千古镜鉴在眼前。

桓公应改昔日过，鹊心从此定安然。

　　"讳疾忌医"是一则典故，今天品读起来仍意味深长。扁鹊是春秋战国时期的名医，而蔡国国君蔡桓公也是那个时期的名人，两个人的一段相遇之交，最终以蔡桓公不治而亡、扁鹊逃秦而结束。这则故事给人几点启示：首先，蔡桓公骄横自大、自以为是害了自己。蔡桓公是春秋战国时期蔡国第七代国君，其业绩有"彬彬大盛"的评价，用今天的话说，他是高素质人才了。扁鹊第一次见到他时，就看出了他"病在皮肤里，建议及时治疗"，之后每隔十日就去见一次面，提出病情发展情况，建议他尽快医治，总共去了四次。可蔡桓公呢，前三次，他不仅不理睬扁鹊，而且很不高兴，甚至说一些讥讽医生的风凉话。等到第四次见面时，扁鹊一看蔡桓公已经病入膏肓、无法医治，于是转身而去，结果蔡桓公（前400年—前357年）很快就死去了，时年43岁。其次，身体疾病发展是一个渐近的过程，要懂得见微知著，防患于未然。蔡桓公的身体状况，在扁鹊第一次相劝时，"病在皮肤的纹理间，是汤熨的力量所能达到的"；十天后，"病在肌肤，是针灸可以治疗的"；又过十天，"病在肠胃，是火剂可以治愈的"；再过十天，"病到了骨髓里，那是司命所掌管的事，我也没办法医治"。可见，及时发现病患并抓紧治疗多么重要。最后，蔡桓公不信人、不听劝的结果，定然是追悔莫及。扁鹊本是姬姓，秦氏，名缓，字越人。他医术高超，被认为是神医，当时人们借用了上古神话黄帝时神医"扁鹊"的名号来称呼他。他行医遍及各国，深受敬重，可见他当时的声望之高，而且他对蔡桓公在本身"不受理睬"的情况下，反复劝谏，医者的责任心可以说感人至深，可蔡桓公连这样的神医也不相信，把忠告当成耳旁风，根本不接受别人的苦口良言，没有一点反省精神，这也是他成为后人"反面教材"的深层原因。

这则典故，名为讥讽蔡桓公，实为警示后人。今天的"齐桓公"可以说大有人在，自知者却为数不多，确实有必要帮他们号号脉、敲敲警钟。

一是克服"恐病"心理障碍，树立勇于正视健康问题的积极心态。有的人不去接受体检和治疗，是怕一旦查出病来，心理崩溃，精神被摧垮，因而拒绝和抵触体检；有的人认为即使查出来了也没办法治疗，不如不去查，爱怎样就怎样，持一种自暴自弃的心态；有的人爱面子，怕查出病来丢人，产生自卑心理，因而回避检查。实际上，这些都是恐病心理，是对客观存在的一种回避和逃脱，是甘于屈从的弱者心态，是自欺欺人的幼稚思想。这不等同于一般的"小心眼"那么简单，这是治病救人的大忌，在关键时刻是会误大事的。孙思邈告诫："救疾之速，必凭于药。"诊病去病，赶早不赶晚。人吃五谷杂粮、有七情六欲，受天象、气候、环境影响，得病是难免的。"一指之疾可损五尺之躯"，如果延误诊治时间，小病酿成大患，悔之晚矣。因此，我们一定要树立科学的生命观，准确认识人体盛衰的自然规律，正确面对生老病死的自然过程，在战胜疾病、保护健康、抵抗衰老中争取主动，力避被动。

二是坚持定期做常规性体检，及时进行针对性检查治疗。有的人连单位组织的体检都不去，个人也不做定期检查，身体出现异常，不去及时就诊，要么硬挺，要么胡乱用药。有的人不去正规医院检查，看不出什么大毛病来，就盲目乐观，因粗心大意而误诊误治。这方面的教训经常听到，但还是屡屡发生，所以，落到每个人身上确实应该引以为鉴。特别是中老年人，有时身体变化是很难感觉到的，而且常常是意料之外的，所以一定不要"自以为是"。定期体检已经成为一种常规安排，是发现和解决身体疾患的有利时机。单位组织体检绝不仅仅是福利待遇，是对人生命健康的关心和负责，一定要积极参加。个人要养成每年做一次全面体检的习惯，不能当作负担，而要当成任务，以便掌握身体各项指标状况，及时加以调理。一旦身体出现不适，就要尽快去正规医院做检查，防止一时麻痹大意耽误诊治，影响康复。

三是戒除"瞒病"畸形心理，把生命健康放在第一位。现实生活中，有的人怕给家里增添负担，有病不说硬撑着，结果错过了最佳治疗时机；有的人则为了一时的利益，不惜隐瞒病情，结果"因小失大"。无论哪种情况，都不可取。什么是人生的最大价值？抛开社会层面不说，就个人来讲，身体健康绝对是最大的价值，世上还有那么多美好的东西在等着你去欣赏和享受，有一个好身体，你可以拥有得更多，大有可能活出个境界来。同时，身体还是从事劳动创造的前提和基础，在保持身体健康的前提下，去追求和创造更多价值，这既符合人的社会属性，又符合人的自然属性，才是顺理成章，也才可能如愿以偿。所以，健康是最大的利益，长寿是最大的成功，健康快乐是最大的幸福。每个人应该善待生命，善待自己，善待心灵，把生命健康放在至高无上的位置，无论何种原因，患了病就应该及时治疗休养，"留得青山在，不怕没柴烧"。要懂得"抓大放小"，善于权衡利弊，守住那份安好。

古　语：

知人者智，自知者明。胜人者有力，自胜者强。

——〔春秋〕老子《道德经》

第六章　善用自然养生之法

【提要】

养生，形散而神聚，表浅而理奥，贯穿于全程，是以自然之法养自然之生。这看似平常，实则是很高的境界，必然要经历一个由自发向自觉升华，进而树立生命自信的过程。这就需要有一定的文化积淀和素质养成，最根本的是要有科学养生理论引领和自然养生之法主导。谁掌握了这些，谁就更容易掌握养生的真谛，从而掌握养生的主动权。

中华文明积淀出来的中医养生学，理论根基是中国古典哲学，包括老子的"天人合一""道法自然""清净无为"思想，《易经》"简易、变易、不易"的"阴阳"哲学、辩证法思想，《论语》里的"中和"思想，《黄帝内经》贯通全书的人与自然相参相应、人是阴阳对立统一体的思想等。可谓至道之宗，奉生之始。"我命在我，善用者延。"面对博大精深的养生文化宝藏，我们应该谨守静思、熟知、真懂、善用、久行。

我国古今养生家一致认为，中医养生是用心去悟的学问。只有了解本源、体悟生命、认识自我，才能获得对生命的认知，进而通晓生命机制，熟悉养生要领。这就需要在"悟"上多做些"功课"，加一些"力道"。如此追求，就必须掌握养生的思想方法，深化实践领悟，在理论与实践的结合中积累智慧，从而提高自主养生的能力。

一、懂点阴阳五行学常识

从养生角度讲，普通人了解"阴阳五行"是必要的功课，最常识性的东西应该懂得。可现在一些人对这个学说还是存有偏见的，有的认为它过时了而不关注，有的认为它有迷信色彩而排斥，有的认为它晦涩而回避，这些都是因为缺乏对它的学习了解。其实，这一古老的学说，浸透着古人认识世界万物的智慧，是中国古代哲学思想的结晶，它不但没有随着岁月的流逝和科技的飞速发展而淡出人们的视线，相反，它不曾被人们完全理解的深奥哲理，随着认识的升华越来越彰显于我们面前。

祖先们在最早认识世界时，常常带有自然朴素的性质，各种理论大都与各种具体事物相联系，从感性直观中抽象出来加以升华而成。阴阳五行学说，就是采用逻辑物化思维艺术。这不仅在人类认识史上空前绝后，无可复加地接近绝对真理，而且所借用的物化相当贴切，达到了出神入化的境界。

（一）概略了解阴阳与五行的关系

阴阳与五行，两相互辅成。

唯解其中妙，养生机理明。

阴阳五行，分为"阴阳"与"五行"，两者互为辅成，是形式与内容的关系。也就是说，无论"阴"的内部还是"阳"的内部，包括"阴阳"之间，都具备"木、火、土、金、水"五种物象表达的那种相生相克的基本关系。换句话说，阴阳的内容是通过木、火、土、金、水物象反映出来的，五行属于阴阳内容的存在形式。阴阳包括五行，阴阳说必兼五行，五行含有阴阳，五行必合阴阳。

建立起这样的关系体系，古人便得以用阴阳学来阐释一切：自然界阴阳相互作用，产生了五行，五行相互作用，则产生宇宙万物的无穷变化。无穷变化中的基本形式是相生相克。相生相克这一对矛盾的任何一方又可分为两个方面，即产生"生我、我生""克我、我克"四种变化，再加上事物本身宏观的特征，因此，合为"五态"。任何一个事物如此，事物内部各要素之间的关系也是如此。因此，阐释事物对立统一关系的阴阳五行学说，是中国古典哲学的核心。

（二）概略了解一下"阴阳"

向日乃为阳，背日则为阴。

对立又统一，生生永不息。

阴阳是中国哲学的一对基本范畴，现代哲学最为接近的就是"对立统一"关系或者"矛盾"。它指的是两事物或一事物内部既相互依赖、相互联系，又相互对立、相互排斥，相辅相成的一对并列的概念。

阴阳的最初含义是很朴素的，旨在表示阳光的向背，向日为阳，背日为阴，后来引申为气候的寒暖，方位的上下、左右、内外，运动状态的躁动与宁静。古人归结起来，"阳类"的特性是刚健、向上、生发、展示、外向、伸展、明朗、积极、肯定、热情、好动等；"阴类"的特性是柔弱、向下、收敛、隐蔽、内向、收缩、储蓄、消极、否定、冷淡、安静等。

任何一个具体事物都具有阴阳两重性，两者相互依存，即阴与阳的每一个侧面都以另一个侧面作为自己存在的前提，没有阴，阳就不能存在，没有阳，阴也不能存在。阴中有阳，阳中有阴。阴阳在一定条件下可以相互转化。《易传·系辞·上》说："一阴一阳之谓道。"相生相灭的矛盾变化就叫作"道"。《道德经》说："万物负阴而抱阳。"任何事物都是阴阳对立统一体。《黄帝内经》则侧重阐述人是阴阳对立的统一体这个与养生直接相关的基础理论问题。

236

《黄帝内经·素问》说："生之本，本于阴阳。""两神相搏，合而成形，常先身生，是谓精。""阴在内，阳之守也；阳在外，阴之使也。""阴者，藏精而起亟也；阳者，卫外而为固也。"这就是说，具有生命力的父母之精相媾，也就是阴阳二气相媾，形成了生命体。生命体形成之后，阴阳二气存在于其中，互为存在条件，相互联系，相互滋生，相互转化，又相互斗争。

《黄帝内经》从人体组织结构上，把各个层次、每一脏腑都区分出阴阳，从而使每个层次从组织结构到生理功能，都形成阴阳的对立统一关系。《金匮真言论》把人体的阴阳讲得很具体："夫言人之阴阳，则外为阳，内为阴。言人身之阴阳，则背为阳，腹为阴。言人身之脏腑中阴阳，则脏者为阴，腑者为阳。肝心脾肺肾，五脏皆为阴，胆胃大肠小肠膀胱三焦六腑皆为阳。"又说："背为阳，阳中之阳，心也；背为阳，阳中之阴，肺也；腹为阴，阴中之阴，肾也；腹为阴，阴中之阳，肝也；腹为阴，阴中之至阴，脾也。"

（三）概略了解一些"五行"知识

木火土金水，五大形态美。

相生又相克，万物莫不遂。

古人把自然界一切事物的性质纳入木、火、土、金、水这五种基本形态，这五大类各有不同属性，它们之间相互滋生、相互制约，不断运动变化构成了物质世界。五行，指的是五种状态和

运行方式。也可以说，古人将世界万物高度抽象为物质的五种基本形态，而五行则是五种基本形态的代号（见表6-1，图6-1）

表6-1 五行的本意

五行	本意	象征	中医代表	对应五脏
木	木曰曲直。生长、发育之性	功能和根源	生长、生发、条达、舒畅	肝
火	火曰炎上。炎热、向上之性	热能	湿热、向上	心
土	土曰稼穑。和平、存实之性	地球	生化、承载、受纳	脾
金	金曰从革。肃杀、收敛之性	坚固、凝固	沉降、肃杀、收敛	肺
水	水曰润下。寒凉、滋润之性	流动	滋润、下行、寒凉、闭藏	肾

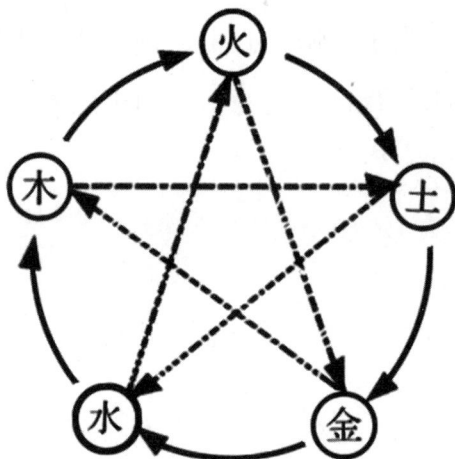

图6-1 五行相生相克

⟶ 表示相生：

木生火、火生土、土生金、金生水、水生木

----⟶ 表示相克：

木克土、土克水、水克火、火克金、金克木

（四）《黄帝内经》中关于阴阳五行学说与天、地、人之间的联系

万物皆以阴阳成，各具属性分五行。

同属同联同一体，相生相济相贯通。

《黄帝内经·素问·阴阳应象大论》中有几段经典论述，把天、地、人之间的联系进行分类和归纳，能够让我们更明确地掌握其中的原理和结论（见表6-2）。

表6-2 五行与诸要素相应关系

要素＼五行	木	火	土	金	水
五季	春	夏	长夏	秋	冬
五方	东	南	中央	西	北
五气	风	热	湿	燥	寒
五脏	肝	心	脾	肺	肾
五腑	胆	小肠	胃	大肠	膀胱
五体	筋	血脉	肌肉	皮肤	骨
五窍	目	舌	口	鼻	耳
五华	爪	面	嘴唇	皮毛	发
五色	青	赤	黄	白	黑

239

五音	角	徵	宫	商	羽
五声	呼	笑	歌	哭	呻
五神	魂	神	意	魄	志
五志	怒	喜	思	忧	恐
五变	握	厥	哕	咳	栗
五味	酸	苦	甘	辛	咸
五臭	臊	焦	香	腥	腐
五液	泪	汗	涎	涕	唾
五常	仁	义	信	礼	智

"东方生风，风生木，木生酸，酸生肝，肝生筋，筋生心。肝主目。其在天为风，在地为木，在体为筋，在藏为肝，在色为苍，在音为角，在声为呼，在变动为握，在窍为目，在味为酸，在志为怒。"

大意是说，春主东方，阳气上升而生风，风气促进草木生长，木气可以生酸味，酸味能煦养肝气，肝气又能滋养筋，筋柔软能生发心气，肝气上通于目。这种变化，在天为风气，在地为木气，在人体为筋，在五脏为肝，在五色为青色，在五音为角，在五声为呼，在人体的病变为握，在七窍为目，在五味为酸，在情绪上为怒。

"南方生热，热生火，火生苦，苦生心，心生血，血生脾。心主舌。其在天为热，在地为火，在体为脉，在脏为心，在色为赤，在音为徵，在声为笑，在变动为忧，在窍为舌，在味为苦，在志为喜。"

大意是说，夏主南方，阳气旺盛而生热，热能生火，火气能生苦味，苦味能滋养心气，心气能化生血气，血气充溢能濡养脾气，心气关联于舌。它的变化，在天为热气，在地为火气，在人体为血脉，在五脏为心，在五色为红，在五音为徵，在五声为笑，在人体的病变为忧，在苗窍为舌，在五味为苦，在情绪上为喜。

"中央生湿，湿生土，土生甘，甘生脾，脾生肉，肉生肺。脾主口。其在天为湿，在地为土，在体为肉，在藏为脾，在色为黄，在音为宫，在声为歌，在变动为哕，在窍为口，在味为甘，在志为思。"

大意是说，长夏主中央，长夏产生湿气，湿气能生土气，土气能生甘味，甘味能充养脾气，脾气能滋长肌肉，肌肉丰腴能充实肺气，脾气关联于口。它的变化，在天为湿气，在地为土气，在人体为肌肉，在五脏为脾，在五色为黄，在五音为宫，在五声为歌，在人体的病变为哕，在苗窍为口，在五味为甘，在情绪上为思。（《黄帝内经》把夏季分为夏和长夏，夏指阳历五月初至七月初，长夏指农历六月，即阳历七月初至八月初。）

"西方生燥，燥生金，金生辛，辛生肺，肺生皮毛，皮毛生肾。肺主鼻。其在天为燥，在地为金，在体为皮毛，在藏为肺，在色为白，在音为商，在声为哭，在变动为咳，在窍为鼻，在味为辛，在志为忧。"

241

大意是说，秋主西方，秋天产生燥气，燥气能生金气，金气能生辛味，辛味能充养肺气，肺气能滋长皮毛，皮毛润泽能滋养肾气，肺气关联于鼻。它的变化，在天为燥气，在地为金气，在人体为皮毛，在五脏为肺，在五色为白，在五音为商，在五声为哭，在人体的病变为咳嗽，在苗窍为鼻，在五味为辛，在情绪上为忧。

"北方生寒，寒生水，水生咸，咸生肾，肾生骨髓，髓生肝。肝主耳。其在天为寒，在地为水，在体为骨，在藏为肾，在色为黑，在音为羽，在声为呻，在变动为栗，在窍为耳，在味为咸，在志为恐。"

大意是说，冬主北方，冬天产生寒气，寒气能生水气，水气能生咸味，咸味能充养肾气，肾气能滋养骨髓，骨髓充实能滋养肝气，肾气关联于耳。它的变化，在天为寒气，在地为水气，在人体为骨髓，在五脏为肾，在五色为黑，在五音为羽，在五声为呻，在人体的病变为战栗，在苗窍为耳，在五味为咸，在情绪上为恐。

古　语：

立天之道，曰阴与阳；

立地之道，曰柔与刚；

立人之道，曰仁与义。

——〔商〕姬昌《周易》

二、培育十大养生观

追求身体健康离不开正确的养生观。确立正确的养生观，有利于我们对养生规律的把握与运用，就能够在养生实践中少走弯路，收到事半功倍的效果。为此，在汲取古今养生思想精华的基础上，着眼于现实所需，提炼出十大养生观。它们既相互联系，又各自独立，在实际生活中需要综合把握，灵活运用。

（一）悟以养生

> 勤学善思明其要，融会机理熟生巧。
> 深求只为从浅出，悟得自然乃入道。

悟者，了解、领会、觉醒之意也。在学用结合中领会，领悟到其本质和要领，用起来才得心应手，从这个意义上说，养生是个悟"道"的过程。这个"道"是规律，是科学。不学不知其理，不用不知其道，不得其理其道者，令其坚守而难从，望其建功而难成。例如，太极可谓奥妙无穷，看不起太极的人是不懂太极，看得起太极的人未必看得透太极，看得透太极的人未必悟得通太极，只有悟得通太极的人才是从中受益最多的人。当然，能达到这种境界的人可能只是少数，但只要不断地悟，积少成多，由浅入深，必定悟有所得，悟有所成。

养为我用。养生是一种主动行为，而不是被动地将生命依附于其他力量。所以人的主观能动性之于颐养身心至关重要。明代高濂说："我命在我，不在于天。昧用者夭，善用者延。"认为健康和寿命在于自己掌握，而非由上天来决定。他进而又说："人之所生，神依于形，形依于气。气存则荣，气败则灭，形气相依，全在摄养。"一个人正气旺盛则生机畅满，正气衰败则生命灭亡。要想使形体和正气互相依存，全靠个人来摄生保养。

现代人普遍缺乏这个意识，还是习惯于透支身体去"走天下"，平时不大在意身心的养护，一旦身体出现问题，自己也摸不着头脑。这样肯定是不可取的。身体舒服不舒服，只有自己最清楚。其他事情可以有人替你做主，但健康必须亲力亲为，要当主人翁，做有心人，行得当事。

古为今用。中华优秀传统文化蕴含着丰富的养生思想。无论是秦汉以前的儒、墨、道，还是唐、宋以后的儒、释、道都非常重视养生之道。我们今天重视养生、研究养生，必须从中华优秀传统文化中汲取营养和精华。

在中华优秀传统文化中，养生之道，一言以蔽之，就是"因天之序，合人之性"。《黄帝内经》将人作为整个物质世界的一部分，提出"人与天地相参""与日月相应"的观念，将人与自然紧密地联系在一起，强调人的一切正常的生理活动和病理变化都与整个自然界息息相关。这仍是今天养生必须遵循和追求的最高准则。其实，现今流传下来的古人养生思想，绝大部分都是宝

244

贵财富。我们必须把这些思想精华与现代有关科学理念结合起来加以运用。随着人类社会的不断进步和科技的发展，人们的生命健康面临许多新情况、新问题、新挑战。养生绝不能墨守成规，必须从现代生命科学、环境科学、社会科学、人文科学、饮食文化等领域不断丰富认知，汲取营养，使我们的养生跟上时代发展的步伐。

西为中用。在我国，养生属于最典型的中医范畴。中医的主旨就是使生命健康、延长。现在，国际上对中、西医的认识还有很大分歧。这是学术上的问题，我们避开不论。中医侧重于气和神，关注"心悟"和"心法"，而西医侧重的是肉体的"形"，注重用科学仪器，精确施治。实际上两者是互补的。近年来，西医学者也在医学领域有许多新发现，发明了许多新技术，有很多观点对于人们养生是很有指导和借鉴意义的。比如，西医提出的医学完整链条的五个环节：预防、保健、诊断、治疗、康复。就养生来讲，一方面要懂得这五个环节的内在联系，以从整个链条上来把握生命的健康；另一方面要知道其中有三个环节是靠养生来完成的。对于西医理论知识，我们不仅不能拒绝，而且要善于学习，在中医养生的大框架内，加以吸收和应用。

医为养用。要注意把古今中外的医学理论知识应用在养生上。人们在日常生活中积累的养生知识多来自医学对人的生命的解释。比如，要调息养气，就必须知晓五脏六腑在人体中的位置、它们各自的功能结构，以及彼此之间相辅相成的关系。医养是不能分开的，当养解决不了问题时，要首先想到医，绝不能耽误了医疗的最佳时机。

认识人体生命本身运动规律与认识外界万物运动规律是同等重要的。但人们往往被长辈们不断灌输的进取思想左右，乐于在认识客观世界的广阔舞台上纵横驰骋，却疏忽了对自身生命的认识和掌握，这是值得人们反思的问题。人要理性地珍爱生命，对每个年龄段的身心变化情况都认真总结，不断深化对生命的认知，体悟身心每一个细微的变化，从而呵护自己宝贵的生命。

古　语：

上知天文，下知地理，中知人事，可以长久。

——〔战国〕《黄帝内经·素问》

（二）正以养生

今时之人务养生，贵为守正与和中。

不偏不倚行大道，步履稳健气如虹。

正者，守正和中。既不偏，又不倚，是谓正；无太过，无不及，是谓中。《中庸》说："中也者，天下之大本也；和也者，天下之达道也。致中和，天地位焉，万物育焉。"古人将"中和"提升到天地万物根本法则的高度来认识。中国人做任何事情都要讲究适度。中医把"中庸"作为养生的根本原则，让人加以遵循。中正，就是使身心的运化和协调处于一种中正的状态，不左不右，不上不下，不多不少，不急不缓，就是一种最舒服的状态。

形体正。形体是人的物质存在，是生存的基础。养生要从形体做起，身要挺拔端正，头正、肩松、脊正、胯平、足稳。头顶竖起，上下贯通，尾闾中正，精神饱满。《中国古代的风俗礼仪》讲："站如松，坐如钟，行如风，卧如弓。"举手投足，有式有度。要有意识地培养一种修炼有素、刚健利朗、蓬勃向上的浩然之气。

气血正。中医讲，人体中的气血是一对阴阳，血为阴为体，气为阳为用。血为气之母，气为血之帅。气不定，易患郁积之症，如肿瘤、血栓等；气太过，易得脑出血之类的病。只有气血平衡，人才能健康。

气本身也有阴阳平衡的问题。《道德经》说："高者抑之，下者举之，有余者损之，不足者与之。"这就是说，对于气向上逆行的疾病，要用抑制降逆法来克服；对于气下陷沉降的疾病，要用举陷升提法治疗；对于气多有余的实证，要用折减法治疗；对于气血不足的虚证，要用补益法治疗。目的是一定要使主气、客气平和。

心性正。一个人的心气、志向、格局和性情是靠长期的修炼形成的。心性差的人，自己常闹心，严重影响健康，别人也跟着不舒服。心性好的人，由内而外散发出一种人格的魅力，既悦己又悦人，益于健康长寿。

古人讲修身养性时常说："君子行正气，小人行邪气。"正

247

气内便于性，外合于义；邪气发于喜怒，不顾后患。庄子在讲到这里时说："失性有五：一曰五色乱目，使目不明；二曰五声乱耳，使耳不聪；三曰五臭熏鼻，困惾中颡；四曰五味浊口，使口厉爽；五曰趣舍滑心，使性飞扬。此五者，皆生之害也。"

中医上讲，肾主收藏，如果肾精不足，肾水不能涵养肝木，导致肝阳上亢，人就容易急躁。如果肾有寒邪，丹田中的真阳就会飘出本位，火性上炎，人也会心浮气躁，这是从人的生理功能角度分析性情出现问题的原因，那么解决问题也要从调理肾脏着手。另外，就是靠修心养性。儒家的存心养性，道家的修心炼性，释家的明心见性，都是讲养性，主张正养其心，使之常静，以此来制怒、除烦、凝气、定义，固精安神。心气足，则神明清，心澄貌恭，气定神闲，长寿延年。《黄帝内经·素问》说："志闲而少欲，心安而不惧。""气从以顺，各从其欲，皆得所愿。"这就是说，人们可以心志清净安闲，少私寡欲，心情平和而不忧虑。因此，体内的真气和顺，随其所欲，愿望就自然可达。

古　语：

　　不偏之谓中，不易之谓庸；

　　中者天下之正道，庸者天下之定理。

——《中庸章句》

自
然
自
得

（三）顺以养生

先天后天把因成，阴阳强弱有不同。

各自找准各自路，缺啥补啥求平衡。

顺者，顺因施养。以因求果，因人而异。这是中医辨证施治思想的具体体现。《黄帝内经·灵枢》说："临深决水，不用功力，而水可竭也；循掘决冲，而经可通也。"这就好比，到深河那里放水，不必用许多力气，就可以把水放空；沿着地下渠道开挖，很容易使水流畅通。所要表达的是，人身气血运行有逆有顺，治疗起来应该明晰本质，因势利导。《黄帝内经·素问·阴阳应象大论》中说："形不足者，温之以气；精不足者，补之以味。其高者，因而越之；其下者，引而竭之；中满者，泻之于内。"这就是说，形体衰弱的，应该温阳补气；精气不足的，应该用味道浓厚的食物补之。如果病邪在上部，可以用吐法；病邪在下部，可以用疏导的方法；病邪在中部，表现为胀满的，可以用泻下法。

中医讲，人的气体有强弱，质性有阴阳，生长有南北，性情有刚柔，筋骨有坚脆，肢体有劳逸，年力有老少，奉养有膏粱藜藿之殊，心境有忧劳和乐之别，天时有寒暖之不同，受病有深浅之各异。因此，颐养必须因人而异，因地而异，因时而异，找到最适合自己、最容易接受、最乐意而为的方法，并坚持下去，才

249

能收到良好的成效。

《黄帝内经·灵枢》根据人体素质有阴阳气血偏多偏少之分而将人大致分为五种，并提出了相应的医治办法：

体质阴性重的人，在日常养生上，要注重阳气的养护，以温散体内的阴霾，使营血得到温煦而周流，卫气充分行走在肌腠，从而达到阴阳调和的正常状态。

体质阴性偏重的人，要注重中焦脾胃的调理，更好地调理阴阳胃经的经气，使营血得生而不虚，卫气得养而不坏。就是通调六腑，注重肠胃。

体质阳性重的人，在日常养生上，要好好养护阴津，只有阴津充足才能更好地涵养旺盛的阳气，从而达到阴平阳秘的平衡状态。

体质阳性偏重的人，在日常养生上，最需要滋阴，同时配合疏通阳经。

体质阴阳平和的人。虽然是一种好的状态，但日常养护也是不能忽视的。要根据实际情况，随时调整养护的侧重点，阴气有所不足，适当滋阴；阳气有所势弱，适当温阳，以保持身体良好的状态。

书中强调："五态之人，尤不合于众者也。"告诉人们，这五种类型是极典型的，他们不同于一般人，一般人身上这些特征可能不太明显，也可能兼而有之。这就需要具体情况具体分析，因人选择适合自己的养生方法，并根据阴阳变化的状态及时跟进调理。《黄帝内经》关于"五态之人"的论述形象而透彻，不仅可以从中了解人的表里变化规律，还便于掌握顺因施养、因人而异的思想方法，有利于人们的身心更加顺应自然。

古　语：

　　血气刚强，则柔之以调和；知虑渐深，则一之以易良；勇胆猛戾，则辅之以道顺；齐给便利，则节之以动止；狭隘褊小，则廓之以广大。

　　　　　　　　　　——〔战国〕荀子《荀子·修身》

（四）常以养生

　　女七男八是规律，盛衰强弱皆有据。
　　抵抗衰老一生事，常长二字要牢记。

　　常者，永久、经常、平常。经常颐养，成了习惯，就当成平常之事。人类在本能上就有健康长寿的愿望。人有生、老、病、灾、伤、死，必然要面对如何生活、除疾、避祸、防灾的现实问题，日复一日中，就是要与这些事情相生相伴，概无例外。所以颐养本为平常事，只有持之以恒，形成习惯，才能如愿以偿。

　　养生宜早。人在年少时，往往没有养生的概念，身体出现异常时，或没当回事，或没顾得上诊治，或治疗不及时，最后把隐患留在身上，等年老体衰时，这个薄弱环节就成了病症的"土壤"。抵抗衰老是一辈子的事，打好基础要从年轻时做起。明代名医万全说得好："养生何必到老年，婴儿养护应当先，童幼有思又有想，不信请君问万全。"现在少年儿童患成年病，肥胖、

251

近视、性早熟等日趋增多，青年人营养不良、免疫力差、心理疾病也很多。与其病后忙服药，不如平时早自防，年轻时候打好底，老年才觉有福享。

养生应融入生活习惯。养生不是给生活"另起炉灶"，也不是额外负担，而是在日常生活中有意识地加以注意。"唐宋八大家"之一苏轼，仕途大起大落，却始终能保持良好心态，在日常生活中找到乐趣。早年就喜爱郊游，经常外出游览、登山、打猎、射箭。他对气功也很有研究，极力推崇静坐养生法，有诗道："无事此静坐，一日似两日。若活七十年，便是百四十。"苏轼还很注重食疗、食补，亲手烹饪的东坡鸡、东坡鱼、东坡羹、东坡饼等，至今还作为佳肴流传。他晚年潜心养性。在流放海南期间，虽然身处"食无肉、病无药、居无室、出无友、冬无炭、夏无寒泉"的恶劣境地，仍以一颗平常心来对待，乐观地生活。苏轼著有《养生论》《养生问》，他提出的养生四绝：一曰无事以当贵，二曰早寝以当富，三曰安步以当车，四曰晚食以当肉。他所做的和所总结的都是融入日常生活习惯的事情。

养生要顺应生命节律。《黄帝内经·素问·上古天真论》提出一个重要的"女七男八"定律，至今让人赞叹不已。它指出女性的生命周期数是七，每七年体现一次变化；男性的成长周期数是八，每八年有一次生长变化。女28岁、男32岁，是最巅峰的年龄阶段。人们应根据这些节律的变化，对养生的重点、方式、力度等进行调节，使身体按照自然规律更好地生长，更加健康。

《黄帝内经》是这样描述的：

女子七岁，肾气盛，齿更发长；

二七，而天癸至，任脉通，太冲脉盛，月事以时下，故有子；

三七，肾气平均，故真牙生而长极；

四七，筋骨坚，发长极，身体盛壮；

五七，阳明脉衰，面始焦，发始堕；

六七，三阳脉衰于上，面皆焦，发始白；

七七，任脉虚，太冲脉衰少，天癸竭，地道不通，故形坏而无子也。

丈夫八岁，肾气实，发长齿更；

二八，肾气盛，天癸至，精气溢泻，阴阳和，故能有子；

三八，肾气平均，筋骨劲强，故真牙生而长极；

四八，筋骨隆盛，肌肉满壮；

五八，肾气衰，发堕齿槁；

六八，阳气衰竭于上，面焦，发鬓斑白；

七八，肝气衰，筋不能动；

八八，天癸竭，精少，肾脏衰，形体皆极，则齿发去。

书中还接着一段话，对我们完整理解"女七男八"定律很有帮助。书说："夫道者年皆百数，能有子乎？夫道者能却老而全形，身年虽寿，能生子也。"大意是说，通晓养生之道的人，年龄达到一百岁左右时，还可以生育吗？这样的人能预防衰老并保持形体，所以尽管年事已高，仍然可以生育。这里三点应该说明：首先，"女七男八"是基本规律，对于绝大多数人适用，即

253

使你打扮得再时尚，身体的衰老也会不期而至，不可忽视。其次，有些人的天赋精力是超出普通人的，特别是现在，随着人们生活水平的提高，人的衰老进程减缓，人的平均寿命大大延长，身体节律变化应根据自己身体总体状况来具体把握。最后，重不重视养生，善不善于养生，生命的质量是大不一样的。因此，人们要注重常生常养，善作善成。

人到晚年，只有身体健康，才有生活质量，才能少遭罪、不受辱，也少给子女添麻烦，少给社会增加负担。因此，现在对老年人自己管理自己的能力提出了更高的要求，其中主要包括独立生活能力、自我保健能力、心理调节能力、融入社会能力等。这些能力的获得，都需要一个长期积累的过程。

人在一生中有三个养生的关键阶段，各有侧重点，应该引起特别关注。第一阶段是青年，身体最旺盛，处在长身体的关键期，求学、就业最熬心血。年轻身子不累伤，老来身板硬邦邦，应该懂得适当调整，不过分给自己加码。第二阶段是中年，身体由盛转衰，压力最大，是生命健康之路的一道坎。防衰老要从此时做起，颐养身心的习惯应该在此阶段养成。唐代"医圣"孙思邈活了101岁，明代冷谦活了150岁，为何名医多长寿？一条重要的经验就是他们懂得在生命最旺盛的时期对衰老进行预防。有名医说，女子最佳防衰老时间是36岁，男子是40岁，因为30~40岁这段时间，是生命最旺盛的阶段，巅峰之后便开始走下坡路。第三阶段是老年，身体衰退加速，生活节奏发生明显改变。从退休开始生活应该重新选择和排序，把养生放在第一位，成为生活的

"主旋律"。老年人不要轻易地改变自己的生活方式，要适度合理地安排自己的生活。老年时期，生命质量是养生核心，有品质的长寿，才是真正努力的目标。

古　语：

君子有三戒：

少之时，血气未定，戒之在色；

及其壮也，血气方刚，戒之在斗；

及其老也，血气既衰，戒之在得。

——《论语·季氏》

（五）慈以养生

养生先养德，德厚福寿多。

心以慈通明，身因心润泽。

慈者，慈善之心，养生之根。不害物，不损人，慈祥之气，天和之福。历代思想家、养生家都把修炼德行放在养生的重要位置。孔子认为"大德必得其寿""仁者寿"，老子主张"少私念，去贪心"，孟子倡导"老吾老，以及人之老；幼吾幼，以及人之幼"。医家的"德全不危"，道家的语善、视善、行善，释家的"积德行善"等，都在告诉人们，善能生阳，德厚命长，养生必须修德。

张三丰的《天口篇·五德篇》中有一段精辟论述，值得品味。书说："仁属木也，肝也；义属金也，肺也；礼属火也，心也；智属水也，肾也；信属土也，脾也。"心有五德，身有五经，天地有五行，缺一不可。心无仁者必无养育之念，其肝已绝，而木为之槁枯；无义者必无权宜之思，其肺已绝，而金为之朽钝；无礼者必无光明之色，其心已绝，而火为之衰熄；无智者必无清澄之意，其肾已绝，而水为之昏涸；无信者必无交乎之情，其脾已绝，而土为之分崩。所以，"德包乎身，身包乎心，身为心用，心以德明。是身即心，是心即身，是五德即五经。德失经失，德成身成，身成经成，而后可以参赞天地之五行"。

存慈爱之念。心善，没了歹意，少了算计、仇恨、恼怒、恐惧，心就平和。一草一木，一呼一吸，皆有生命。经常以善良的眼光看待人和事，多看看事物积极的方面，心里存下更多的美好。要心地纯正，仁慈为本，平等对待每个生灵，敬公德，养私德，树美德。常存安静心，常存正常心，常存欢喜心，常存善良心，常存和悦心，常存安乐心，常存同情心。以这样的心态来对待世间万物，去处理人和事，必然到处充满善意的阳光。积善成德，心安理得，必然心胸宽广，益寿延年。

行慈善之举。在平时施以爱心，使行善成为习惯。种树护树不砍树，栽花养花不折花；一畜一禽皆关爱，大小公物都爱护；尊老敬贤，扶弱济贫，见义勇为，抗灾救危；说公道话，行正义举，办暖心事；不偏心，不整事，不害人。当爱心变成了行动，换来的必定是舒心，而且在一次次行动中人生的境界也会随之升华，那种大爱也就渐渐地铸成，长久得到的自然是安心。

养慈祥之气。慈祥的人襟怀坦荡，磊落大方，祥和萦绕，自带光芒。用孔子的话说，叫"德润身"。为什么老了以后，有的人慈眉善目，有的人阴脸蛮相？优雅的人年轻时保持一颗仁爱之心，老了依旧活力四射。《西游记》里给长寿老人画的像是："霄汉中间现老人，手捧灵芝飞蔼绣。葫芦藏蓄万年丹，宝篆名书千纪寿。长头大耳短身躯，南极之方称老寿。"这个"老寿星"的形象已经深入人心，至今仍在民间流传。那么今天的慈祥之气应是什么样子呢？我看有这四点就差不多：家国情怀重，正义感强，公德心足，思想有感召力；端正大方，仁厚慈善，平易近人，形象有亲和力；重情重义，谦恭和蔼，团结友善，人格有感染力；正大光明，礼贤下士，乐善好施，言行有自信力。

不是说"大德必得其寿"吗，那如何看待民间"好人不长寿"这句话呢？其实，这并不带有普遍性，还是有德有寿者为绝大多数。这只是人们对好人辞世的一种惋惜、慨叹，也有缅怀、崇敬之意，而且如有早逝也并非慈善所致，多是因为居住环境、生活习惯、慢性疾病、医疗保健等方面不周所致。又如何理解"人善被人欺"呢？好人并不是非得一味委曲求全、忍辱负重。一旦到了受气的地步，要么性格有缺陷，要么迂腐、窝囊过了头。爱憎分明、不卑不亢、心怀大爱，才不失慈的本义。

古　语：

安则物之感我者轻，和则我之应物者顺，外轻内顺，而生理备矣。

——〔北宋〕苏轼、沈括《苏沈良方》

（六）乐以养生

一副不老丹，天赐予人间。

易得亦难得，心态是开关。

乐者，愉悦、乐观、旷达，无忧无虑之谓也。以乐观赢得心乐进而身乐。俗话说：笑一笑，十年少，恼一恼，十年老。快乐是精神上的一种愉悦，心灵上的一份满足，生命上的一副不老丹。喜则生阳，内心欢乐的时候，人的头脑和心脏处于一种活跃的状态，从生物学角度上讲，产生多巴胺，使人充满自信和积极向上的劲头，对五脏六腑的协调平衡都有好处。快乐让心灵安详，精神饱满，会大大提高人的免疫力，增加抵抗疾病的能力。快乐的人常常以开朗、从容、温和来面对这个世界，内心也更加强大。乐观的人对生活更满意，对工作更热情，心气足，幸福感更强。快乐还会使人更美丽。心态不老，人就年轻。微笑是最具灵魂的美，是一张最美丽的名片。快乐真好！没有人不希望拥有快乐，可快乐却常与人若即若离，那是因为心态在"主宰"着沉浮，所以要获得更多的快乐，就需要内心的陶冶和磨炼。

在陶冶性情中培育快乐。《论语》说："发愤忘食，乐以忘忧，不知老之将至云尔。"心不老，人就不老。20世纪的世界画坛一杰毕加索活了91岁，88岁那年画了165幅画，90岁时还在力求创新。他的不老经验是："让自己的精神状态保持在30岁的水平。"大量的例子说明，心理年龄年轻的人，要比实际年龄年轻得多，这也是长寿的秘诀之一。

乐观的人，一定是一个充满阳光的人。心有阳光，自溢芬芳，心若盛开，清风自来。你若拥有获得快乐的钥匙，那么快乐就随之而来；你若拥有快乐的潜质，那么快乐就伴你左右。所以我们要练一练心智，提升一下看问题的高度，多从积极的方面去思考，在成绩中看到进步，在不足中看到可取之处，在缺憾中看到幸运的成分。要有意识地陶冶自己的情操，努力做一个内心宽敞明亮，干干净净，热情奔放，率真坦荡的人，培养自信、开朗、豁达、幽默的品质。应该说，家庭影响、环境熏陶、个人修炼对于人的良好性格的形成都很重要。一个性格比较完善的人，都是在良好的环境中不断地学习改造而成长起来的。能不能修炼出来，就看你用不用心，得不得法，有没有毅力。

在日常生活中创造快乐。人们总结长寿老人有一个共同的特点，就是"只要喜欢，不知烦恼"，总是在平淡中快快乐乐地生活。北宋名家程颢有诗云："云淡风轻近午天，傍花随柳过前川。时人不识余心乐，将谓偷闲学少年。"有一颗童心，快乐无处不在，即使是老了，生活也应当和少年人一样活泼欢快。要善于调剂生活，把平常日子过得有张有弛，有滋有味，丰富多彩，乐在其中。要善于细品生活，嗅出滋味儿，发现美好，在平淡无奇的生活中取乐、找乐、得乐。

在摆脱烦恼中寻求快乐。在复杂的现实生活中，人的思想情绪总是喜与忧、恩与怨、爱与恨、苦与乐相交织，可谓五味杂陈，要想自己活得好一些，必须学会调整和解脱，善于从苦闷中生出希望和快乐。一是善于换个角度看问题。其实，世间许多事本身没有什么好坏之分，人之所以对其产生不同的心境，是由于观察思考的角度和方法不同，从而直接影响人的主观情绪。如果用一个合适的角度去看待问题，就会换来愉悦的心情。二是别太在意别人的感受。自尊心过强，虚荣心的成分就多，是自背包袱，长久下去心理上就会有一种挥之不去的阴影，很不利于健康。让别人掌握你的情绪，你便成了受害者。事实上，你做得再好，也有人指指点点，身上的光环越多，身边的杂音就越多。所以，要活出自我，少议论别人，也不要被别人的议论左右，不要太挑剔别人，也别太在意别人的挑剔。倘若你根本就不在意这些东西，那么它就真的与你无关。把快乐的钥匙握在自己手里，自然没有那么多莫名的烦恼。三是要降低对所盼之事的期望值。对自己想要的东西期望值越高，幻想的成分就越多，失望很可能接踵而来。侥幸助长浮躁，不平衡就生郁闷。所以，追求目标要现实一些，切忌好高骛远，免得自生烦恼。四是不妨试一试"崩溃疗法"。当"灾难"降临时，可以来一个"绝地反击"，已经最坏了，就没有再坏了，再想也无济于事，只能自我折磨。这样想来就能很快抓住"触底反弹"的机会，从绝望中获得"新生"。五是尽快转移注意力，专注到与事无关的轻松事由上。当烦恼袭来时，要尽量缩短它的"统治"期，尽快摆脱它。总之，要善于用发现的眼光，去寻找生活中美丽的一面，善于在不快乐中寻求快乐，学会自我解脱，自我安慰。有句话说得很有道理，与其埋怨，不如埋了怨。把恼人的事情看透、看淡、想明白，不要陷进去拔不出来，在烦恼中挣扎，要跳得出来，甩得出去，抖得干净，从而轻装前进。

简单是创造快乐的一个法宝。有些事情在心里放不下，是因为心里复杂。笑看白云聚与散，懒问身边是与非；天真自得天天乐，无邪换来人无忧。这是一种与世无争、自得其乐的境界，所表示出来的是越简单越快乐。佛家的智慧讲："学会简单，其实不简单。""如果你简单，这个世界就对你简单。"心简单，欲望就少，负荷就轻，误解就消，计较就少，负面的东西在心里留存的时间就短，因此就多了知足常乐，无忧无虑，轻松愉快。

古　语：

　　心大则百物皆通，

　　心小则百物皆病。

　　　　　　　　　　——〔宋〕朱熹《近思录·为学》

（七）俭以养生

　　不多不少才正好，俭作尺子度来找。

　　简繁去冗必增益，宝珍用省是天道。

俭者，不多余，不短少。对思想和行为加以约束，朴素，简约，收敛。省着用，才能用得长久。人的生命是有限的，人所能承载的欲望和气力也是有限的。爱惜生命的人，就有可能长寿；

261

耗损无度的人，容易导致短命。越是珍贵的东西，越要省着用，这是最简朴的道理。

节俭才会有盈余。节俭本身是一种生活态度，在行为养成上是一种习惯。现在物质生活条件比较充裕，整个社会思想和观念也发生了很大变化。人们追求美好生活，消费多一些，讲究品质，这是很正常的，但绝不能过度挥霍。任何时候，节俭的美德都必须坚持和发扬。因为，节俭不仅是为了节省财物，更重要的是省心、省力、省身。朴能镇浮，俭可抑奢。凡事省得一分，即受一分益。唯有保持节俭，才能用心体会生活本身的美好。俭于饮食则养脾胃，俭于言语则养气息，俭于思虑则免除烦恼，俭于酒色则养身益寿，俭于嗜欲则集聚精神，俭于排场则自在安宁。节俭主张的是不浪费，并不是"混日子"、当"苦行僧"，而是在条件具备、身可承受、力量允许、世俗认可的前提下行事，"量体裁衣"，恰当而为。

谨记"贪多嚼不烂"的戒律。元朝大臣史弼《景行录》有言："不自重者取辱，不自畏者招祸，不自满者受益，不自是者博闻。"俭则心安，没有那么多奢望、琐碎、浮华，秉持简单、减冗、俭朴，走到哪里都行得端、坐得正、吃得香、睡得着，这岂不是真正的幸福？因此，要谨记有舍才有得、进退有度方能游刃有余的人生哲学。

过了"轻狂"年龄不做"逞强"事。中年以后，随着身体新陈代谢能力下降，肌体功能和柔韧性都在衰退，要注意时时养护，储备充足的能量，保持气血充盈；开始简单有节制的生活，不做冒险运动，避免意外伤害；不放纵行乐，避免过度耗损；不揽活好事，避免劳心费力；适当休息，自找方便，给身体足够的修复时间。

古　语：

　　俭约不贪，则可延寿；

　　奢侈过求，受尽则终。

——〔明〕龙遵叙《饮食绅言》

（八）慢以养生

　　天转地转人亦转，万物一体总关联。

　　太快岂不乱节奏，慢得下来才自然。

　　慢者，舒缓，不急，不快，不疲，顺天应时，自信从容，悠然自得。这是一种深厚的功夫，也是现代人最需要强化修炼的功课。如果能保持这样一种心态，那么获得的将是慢慢滋养出来的健康。我国现在已进入5G、高铁时代，大干快上、激烈竞争是鲜明特色。社会发展的高速度，带动了人们生活的快节奏。但从长远来看，现代化的物质技术基础最终是要为人的全面发展服务的，越是现代化，人的生活质量应该越高，生活节奏也应该相应减慢。当然，这需要一个较长的发展过程。但工作快，不一定生活都得快，最起码应做到该快则快，该慢则慢，能慢则慢。从养生上讲，跑得太快，身体就容易透支，也容易被拖垮，还容易被

263

绊倒。因此，无论是工作、学习还是生活，都要尽可能把握好节奏，使它们与事物发展的自然过程相吻合。欲速则不达，我们要等一等四季轮回，等一等日出日落，等一等精力修复，等一等情志开合。慢是一种智慧，可以充分体会过程的快乐。慢步走往往走得更长远，当到达一定里程的时候，你再回过头来看，其实你什么都没有错过，比别人多的是充分欣赏了沿途的风景，而且剩下的都是实打实的收获。

心不着急。慢养生的关键是"心慢"。心慢下来，身体的代谢也会慢下来，生命的持久性就会更好。俗话说："心急吃不着热豆腐。"凡事不要太着急，不要太在意，不要太强求，心不要揪得那么紧，情绪波动不要那么大。有些想法，再沉淀沉淀，可能更成熟；有些做法，再缓一缓，可能更妥当；有些难题，再放一放，可能办法就有了；有些工作，再打磨打磨，可能更完美。我们回过头来想一想，在平常的日子里，有几件事情是非得今天做不可的？可是有些人非要立马追击，搞得心急火燎，寝食不安，结果还可能事倍功半，甚至事与愿违。可以这样讲，"心慢"了，人的意境自然就出来了。那是一种什么状态呢？总是感觉空气里散发着花的香气，近看细闻没觉得有什么，可是总有一种淡淡的馨香不远不近。这不正是令人无限向往的生活吗？

行不忙乱。现在人们普遍感觉"快""累""乱"，整天东奔西跑、忙忙碌碌。孩子失去了天真的童年，青年人少了自主的空间，中年人难有回旋的余地，老年人为孙辈操劳也是不得休闲。每天昏昏沉沉，搞得人心神不宁，许多人因此很是纠结。怎么办呢？自主调节是最有效的策略。实际上，人的调节能力是一项直接影响工作、生活与健康的关键性能力，应该有意识地去培养和积淀。做事情要运筹帷幄在先，在常规状态下，步子小一些，慢一些，稳一些，计划不要太满，过程讲究有序，结果要等到瓜熟蒂落。在单位不乱忙，也不忙乱，张弛有度，讲究效率；回到家里就要慢下来，慢用脑、慢说话、慢做家务、慢吃、慢散步、慢睡，达到慢心跳、慢呼吸、慢消耗，边运动边修复的状态。进入老年以后更要慢下来，生活有规律，运动有节制。

身不疲劳。慢是指节奏慢，并不主张把一个过程刻意抻长，去打持久战、疲劳战。人长期处于紧张状态，一旦超过身体极限，便会身心俱疲，既没有工作效率，也容易引发身体病患。在作息时间的规定上，世界新的流行趋势是缩短工作时间，增加休闲时间，让人有足够的时间去修复身体、充实知识、享受生活。这是对生命规律的重视，是对生命价值的尊重。在纷繁与琐碎中，最可取的方式是劳逸结合，最实在的安排是养精蓄锐，会工作也要会休息，要学会"分流"，学会"减压"，学会"偷懒"。累了就歇一歇，扛不动了就放一放，做不下去了就去换一换脑筋。如果可能的话，在"竞走式"活动中设置几次"便步走"；在"马拉松式"的任务中，安排几个"中场休息"；一个"战役"结束了，就集中休整一段时间。

古　语：

> 绿叶忽低知鸟立，
>
> 青萍微动觉鱼行。

——〔宋〕陆游《初夏闲步村落间》

（九）静以养生

> 摄生首务在于静，最是浮躁心难平。
>
> 凝神敛思无外扰，气定神闲致远行。

　　静者，安静、清静、恬淡。静以养性，静以修身。《黄帝内经·素问》说："恬淡虚无，真气从之，精神内守，病安从来？"又说："静则神藏，躁则消亡。"清代养生家曹庭栋认为："养静为摄生首务。"心常静则神安，神安则五脏六腑的气机协调，精气日渐充实。这个"静"字，在厅室的壁画中常见，但用来做装饰欣赏的多，当座右铭来践行的少。"静"意何为，可谓"知音"了了，平时想不起静来，想静时又不知如何是好。不过话又说回来，做到静其实真的很难。人无论处在哪个年龄段，大都需要在"静"字上下一番功夫。

　　凝神。凝神敛思是保持"清静"的重要方法之一。神贵凝而恶乱，思贵敛而恶散。《医钞类编》说："养心则神凝，神凝则气聚，气聚则形全，若日逐攘扰烦，神不守舍，则易于衰老。"其要领在于，专心致志，精神静谧，正心、收心、静心，心不乱思，神不过用，不被外物所扰，保持思想宁静无虚，意志平和调顺，使机体正气充盈。在这样的状态下，人就可以排除杂念，驱逐烦恼，畅遂情志，使机体保持正常的生理状态。

静气。要想真正静下来，必要时可以借助一定的方法来调理。道家的入静，佛家的入定，儒家的静坐，都是静功。静功就是通过特定的手段，使散乱的思维活动静下来。特定的手段主要有：调身，即调整人体姿势；调息，即调整呼吸；调心，即意守神静。这里举一个静功的例子。静坐是一种独特的养生方法，能让人养气、养精、养德、养神、养慧，使心灵得到净化和休息，使身体慢性病得到修复。静坐方法有讲究。首先，姿势正确。头自然正直，自然盘坐，脊椎要正，目视鼻准，眼微闭，舌舐上腭，腰背放松，肩肘下沉；两手相扣，自然放在大腿中间。其次，调整好呼吸。深匀细长，行之不经意间，要自然、不用力、摒杂念，意在丹田。最后，掌握好时间。清晨和临睡前静坐较好，每次30分钟左右。

无怨。人有七情六欲，事有是非曲直。在现实生活中，谁能没有生怨气的时候？有怨气心就静不下来，怨气不撒生闷气，撒撒怨气又不解气，怨来怨去伤心肺。这可如何是好？其实，怨与不怨，全在于怎么看，靠的是自己的修养。这就需要提高人生格局，开阔胸怀气度，涵养清净之气。清代阎敬铭的《不气歌》，可谓直抒胸臆，或许对我们有所启发。歌中说："他人气我我不气，我本无心他来气。倘若生气中他计，气出病来无人替。请来医生将病治，反说气病治非易。气之危害太可惧，诚恐因病将命弃。我今尝够气中气，不气不气就不气。"

　　闲适。人到了一定阶段就弄明白了，人生恬淡闲适，无欲无求，生活淡泊质朴，心境平和宁静，外不受物欲利诱，内不存情虑烦忧，这是一种很高的境界。恬淡看不见摸不着，但却是真实的存在，它是经历磨炼而生成的一种心境、一种修为、一种情怀。包含三个层次：第一，是轻松。生活可以云淡风轻，日子过得惬意安然；人似闲云野鹤般自在，心如云水舒卷般素淡。不把时间抓得那么紧，不给自己增加那么大的压力，没有非分之想，心亦无悔无怨，生活简单随意，安于平淡自然。第二，超脱。"人生风雨不虞事，恬恬淡淡养本然"，不被现实的困扰遮住双眼，不以物喜，不以己悲，不沉溺于物质上的满足，而看重精神上的享受，利诱而不惑，荣辱而不沾，喧嚣而不扰，恩怨而不计。即使做不到淡若云天，却也能超然度外，在幽静的岁月里享受那份淡泊。第三，优雅。尽可能地将自己融入大自然，去感受清风日朗松涛，大海群山原野，使心灵得到洗礼。常以诗书为伴，乐以琴棋为友，饱尝雅兴带来的那份人淡如菊、花开幽谷般的惬意。在岁月的沉淀中感悟生命的意义，善待自己，慈惠他人，感染周围，使心智不断得到升华，使生活更有滋味。

古　语：

插秧诗

手把青秧插满田，低头便见水中天。

心地清静方为道，退步原来是向前。

——〔南北〕契此

自
然
自
得

（十）和以养生

千古文化一个和，阴平阳秘大法则。

一和由来万物长，更使南山松鹤多。

和者，相应，和谐，和顺，融洽。和乃万物自然之态，致祥
之道。《周易·系辞上》说："是故易有太极，是生两仪。"阴
阳和谐成为《易经》首要解释系统。《道德经》说："万物负阴
而抱阳，冲气以为和。"《黄帝内经·素问》说："因而和之，
是谓圣度。"三大经典都把"和"作为最高法则来宣扬。中国养
生文化已经把这一传统文化理念贯穿始终。《黄帝内经》认为，
"阴平阳秘，精神乃治"是养生的最佳状态。魏晋时期的《养生
论》说得更具体："守之以一，养之以和，和理日济，同乎大
顺。"以和顺来养护身心，最为合乎自然。

人与自然和。这个思想可以说贯穿于本书的全篇。《黄帝内
经》认为，人身乃小天地，宇宙乃大人身，"天地合气，命之曰
人"；人产生于自然，赖自然而生成。人道的"仁义"、天道的
"阴阳"、地道的"刚柔"合为一体，才能实现天地人圆融会
通。人要树立大生存观，强化"人与天地相应""人以天地之气
生"的生命理念，要遵从"顺天应人""适者生存"的生命法
则，按照《易经》所讲求的那样，合天地之势，求天人合一，上
感于天，下俯于地，汲阴阳之精华，合四时而顺人伦，"外取诸

269

物，以修其身"，达到人与自然相生相伴、和谐统一。

人与人和。《易经》主张"保合太和"与"同人"之道。"保合太和"，就是保持长合，达到大和，也是阴阳之和；"同人"之道，就是团结一心，互相应和，取得成功。这都是强调追求一种最高的和谐状态。人与人和，提高思想站位很重要，因为认识提高，许多问题处理起来就容易得多。最核心的认识是，树立大家都是地球村村民、是命运共同体的理念，强化以人为本、和则俱顺的观念。在具体把握上，首先是人格平等，彼此尊重；其次是心灵相通，彼此关爱；最后是相互包容，彼此成就。社会性是人的根本属性。人的社会属性决定，在相互交往中，感情的纽带犹如一个气场，直接对人的心理产生影响。因此，无论是对家人、对同事、对邻里还是对陌生人，都需要营造一个和谐融洽的氛围。人际关系和谐，气就顺，心就敞亮，身体功能也少受干扰，身心健康就多了一份保证。

身与心和。明代大医学家张景岳在《类经》中说："形者神之体，神者形之用；无神则形不可活，无形则神无以生。"形体和精神是生命的两大要素，相辅相成，形健神旺是正气充沛、身体健康的标志。养生要两者兼顾，内外兼修。一方面，养神全形。神对人体功能起主宰和调节作用。要减少过度的欲求，保持精神愉快，情绪乐观，增强抵御外界不良刺激的自控能力，以广泛兴趣好好调节情志波动。另一方面，养形安神。形健则神旺，起居有常，以保精力充沛，精神旺盛。劳逸结合，不过度劳心、劳力。积极参加健身运动，增强体质。注意饮食调节，保证合理

自
然
自
得

摄取营养。通过形与神两者协调发展，努力追求和达到《黄帝内经》所提出的"形与神俱"的生命理想状态。

古　语：

　　大和乃大道，大道乃大德，大德乃大顺，大顺乃寿昌。

三、十大古人养生范例

如果说古代大养生家是最好的老师，那么他们的成功经验则是最好的教材。这里选取古代十位养生大家，他们既长寿又成功，既重实践又有理论，既影响当时又流芳千古。这些范例很值得研究与借鉴。

（一）彭祖养生之道

彭祖，又叫篯铿，生于公元前2600—前2500年，相传是黄帝的八世孙，又是颛瑞帝高阳氏的玄孙。由于他善调雉羹侍奉帝尧，深受尧的赏识，遂被封于彭城，为大彭氏国的创始人，所以后人称之为彭祖。传说他活了800多岁，但尧、舜时期以60天为一年，所以他应该活了130岁左右。《史记》记载，确有彭祖其人，并有《彭祖养生经》为证，但后被神化。其养生思想体系为导引术、调摄术、饮食术、补导术、房中术五大养生术，不但对养生有十分显著的功效，而且其中很多理论已经蕴含着后世中医、气功、内丹术的萌芽思想。

史载彭祖是遗腹子，生于今陕西华县一带，3岁时死了母亲，又遇大戎之乱，后流亡西域，饱经风霜，受尽凄苦，因此一度"肌肤不泽，形容憔悴"。由于彭祖精通各种养生术，而且用自己的实际修行证明了这些养生术的奇妙功效，被后世养生家称为"中华养生术之祖"，号称"华夏最长寿老人"。

动静结合。彭祖引导术有十法：吐故纳新、按摩叩齿、闭气功病、采气吞津、息虑凝神、存想内视等，集意念、按摩、肢体运动于一身，可以疏通气血，强身健体。葛洪《神仙传》中记载彭祖的养生治身方法是"常闭气内息，从平旦至日中，乃危坐拭目，摩搦身体，舐唇咽唾，服气数十"。此即后世的气功修炼、吞咽唾液方法。彭祖年轻时喜欢一个人外出旅行，独来独往，旅行时虽然备有车马，但却很少乘用，大部分路程靠双脚行走，以此锻炼自己的意志和体魄。彭祖年迈后，在锻炼中悟出一套"导补之术"。就是采用意念引导的方法，引气上行百会及头、面各穴窍，外行于四肢及毛发；内行于五脏六腑。若感到哪儿不舒服，就采用意念疗法，令气冲病灶，将病气逐出体外，直至适意为止。有时候，他从清晨闭气内息，一坐竟到中午。随后，缓拭双目，按摩肢体，再舌舐上腭，吞咽唾液。一直连续吸气数十口，才开始起身行走和讲话。他说："凡欲学行气，皆当以渐。"意思是要想学习导引行气并没有什么诀窍，关键在于长期坚持。彭祖的明目法，至今仍流行于世。此法有祛风明目之功效，具体操作：席地而坐，静心调息，待心平气和，以两手反置腰背，互握手臂，伸展左胫，弯曲右膝，压置左腿上，调息运气，共5次；两腿平伸，正坐，两手掌反复摩擦至热，微闭两眼，热熨两目，再以手指按拭眼眶上下，共18次。

善于保养。《彭祖摄生养性论》中写道："人生一世久远之期，寿不过于三万日。不能一日无损伤，不能一日修补……是以养生之法不远唾，不骤行。耳不极听，目不久视。坐不至疲，卧不及极。先寒而后衣，先热而后解。不欲甚饥，饥则败气。食诚过多，勿极渴而饮，饮诚过深。"还告诫人们："食过则症块成疾，饮过则痰癖结聚……是以真人常日淡泊，不亲狂荡；而愚者纵意未至，损身己先，败其神魂。"提倡衣食居行诸方面都应注重调摄规范，不要疲劳，也不能懒散，过饥、过饱和过饮都有损于健康，衣着必须随气候的变化及时更换，万不可纵意"狂荡"。

淡泊名利。《神仙传》记述彭祖"少好恬静，不恤世务，不营名誉，不饰车服，唯以养生治身为事"。据传，殷王前后赠给彭祖数万金，他都受纳了，但却用来救济贫贱，自己无所留。可知彭祖绝非那种四处钻营，终日忙于机谋巧算、患得患失的人。他心地善良，心胸豁达，思想开朗，不受"慎喜毁誉"所累，精神经常保持良好状态，这些正是身体健康的首要保证，也是尽享天年必不可少的条件。

彭祖认为养生之道并不烦琐，关键在于不可追求过高的欲望。衣食不追求过于华美，凡成败、荣辱、得失之类不可考虑得太多，否则徒增忧愁烦恼。彭祖是一位仁爱之人，他非常同情普天之下的劳苦大众，无论走到哪儿，都乐于帮百姓分忧解难。因此，深受百姓的敬重和爱戴。

（二）孔子养生之道

孔子，名丘，字仲尼，春秋战国时期鲁国人，是闻名世界的大思想家、教育家。他不但是一个谈经论道的"圣人"，创立了儒家学派，也是一个注重"修身养性"的典范。他活了73岁，在当时已属罕见。孔子之所以高寿，自有他的独到之处。

陶冶情操，修身养性。孔子说："君子有三戒：少之时，血气未定，戒之在色；及其壮也，血气方刚，戒之在斗；及其老也，血气既衰，戒之在得。"即年轻时，血气未定，要警惕的是迷恋女色；壮年时，血气正旺，要警戒的是好斗；年老时，血气衰弱，要知足常乐，莫贪得无厌。

心存仁善，慈悲为怀。孔子心地善良，胸怀仁慈，并提出了"仁"的学说。《论语》中记载孔子的话："仁者寿。"他解释说，待人宽厚大度，有高尚的道德修养的人能长寿。《中庸》中更加明确地阐述了"大德必得其寿"。

兴趣广泛，爱好颇多。孔子爱好音乐，并有一定的欣赏能力。他在齐国听到韶乐章，竟"三月不知肉味"，并谓之曰："尽美矣，又尽善也。"孔子爱好山水，他说："仁者乐山，知者乐水。"陶冶性情于山水之中。此外，孔子还常习武，精通射御之术。《吕氏春秋》说："孔子之劲，举国门之关。"可见，孔子身强体壮，力大过人，是位文武双全的英杰，也为其长寿打下了健康基础。

乐观开朗，豁达大度。一天，叶公向孔子的弟子子路问孔子的为人，子路不答，孔子对子路说："女奚不曰，其为人也，发愤忘食，乐以忘忧，不知老之将至云尔。"意思是说，你为什么不这样回答：他的为人，用功便忘记吃饭，快乐便忘记忧愁，不知道衰老即将到来，如此罢了。孔子还经常启发弟子："君子坦荡荡，小人长戚戚"，"君子不忧不惧"，"内省不疚，夫何忧何惧？"意思是说，君子心地平坦宽广，小人经常局促忧愁。君子不忧愁，不畏惧，自己问心无愧，有什么值得忧愁和畏惧的呢？孔子还说："饭疏食，饮水，曲肱而枕之，乐亦在其中矣。"意思是说，无论在什么岗位都不能产生怨气，要开朗乐观。即使生活困难，吃粗粮，喝冷水，弯着胳膊做枕头，也有乐趣。

起居有节，遵循规律。孔子讨厌白天睡懒觉的人。学生宰予白天睡觉，孔子骂他"朽木不可雕也"。他认为晚上睡觉也应做到"寝不言"。孔子在饮食方面有"七不吃"，即粮食发霉变质不吃，鱼肉腐烂不吃，气味不正不吃，烹调不当不吃，不该吃饭的时候不吃，切割得不好的肉不吃，没有调味的酱醋不吃。这就避免了因饮食不当而引起的多种疾病。

（三）老子养生之道

老子，姓李名耳，生活于春秋末期，中国古代思想家、哲学家和史学家，道家学派创始人，称"太上老君"。老子生卒年代难以考证，比较普遍的说法是活了101岁，有说活了200多岁，共识是高寿。他对养生提出了不少宝贵的见解，对后世医学、养生学的发展产生了重大影响。

清心寡欲。老子提出了著名的恬淡虚无、少私寡欲养生思想，广为后世医学家和养生家所尊崇。他主张"见素抱朴、少私寡欲"，指出："祸莫大于不知足，咎莫大于欲得。故知足之足，常足。"这是"知足常乐"思想的来源。

强调守中。老子说"多言数穷，不如守中"，意即言多必行不通，还不如保持适中。"飘风不终朝，骤雨不终日"，意即狂风刮不到一个早晨，暴雨下不到一个整天，狂风暴雨式的生命总是短暂的，"守中"才能长久，才能长寿。老子养生之道，应"去甚，去奢，去泰"，去掉那些极端的、奢侈的和过分的东西。他要求做到"方而不割，廉而不害，直而不肆，光而不曜"，意即要做到方正而不显得生硬勉强，有棱边而不至于把人划伤，正直而不至于无所顾忌，明亮而没有刺眼的光芒。这就是说，养生的时候做任何事都不要过度，这样生命才不受过多的损失。

静以养生。老子在《道德经》中细微、深刻地描述了人"入静"时的体会和感觉。老子说："至虚极，守静笃，万物并作，吾以观其复。夫物芸芸，各复归其根。归根曰静。"意即尽量使心灵虚寂，要切实坚守清静；万物都在生长发展，我观察它们的循环往复，事物尽管变化纷纭，最后都各自回到它们的出发点，回到出发点，叫作"静"。老子很重视气功养生，道家的呼吸吐纳法，源于老子。老子的以静制动、以弱胜强、以柔克刚思想，是外柔内刚、外弱内强、外静内动，是柔中有刚、弱中有强、静中有动，这样才能使人体保持生生不息的柔和之气，使生命永远处于运动的状态，这就是人健康长寿的根本。

（四）庄子养生之道

庄子，本名庄周，是战国时期著名思想家、哲学家，宋国蒙（今河南商丘）人，活到84岁，无疾而终，他的寿命比同时代的人平均寿命翻了一番。庄子终生不仕，一直过着贫困的生活，他学识渊博，所著《庄子》是我国古代哲学的重要文献，他对养生颇有研究，其养生之术重在养心。他很早就认识到生老病死如同昼夜一样，是不可抗拒的自然规律，以古人"不知悦生，不知恶死"的生死观为训，在生之年不寻欢作乐，空耗精力，也从不因为"老之将至"而畏惧死亡。

少私。庄子认为："私"是万恶之源，百病之根。一个人如果私心满腹，遇事斤斤计较，患得患失，思想上终日不得其安，久之必致形劳精亏，积虑成疾，疲困不堪，必"殆而已矣"。只有剔除求名贪财之心，使精神宽慰，"可以保身，可以养身，可以尽年"。心底无私的人，才能胸怀博大志远，不计较功名利禄。生活物质"取之有道"，才能够知足常乐，心怀坦荡，必获大寿。

寡欲。庄子认为："人欲不可绝，亦不可纵。"纵欲必招祸染病。只有做到知其荣、守其辱、安其身、图其志、创其业、洁身自好的人，才堪称大丈夫、伟男人。

清静。庄子认为静默祛病。如果一个人终日躁动不安，思想不能逸息，定会心力交瘁，百病丛生。他提倡，凡有志于养生者，都应当磨炼自我控制的能力，要善于在纷乱的环境中，保持自我放松，自我稳定，做到轻松自如。为此，他首创了以"头空、心静、身松"为要领的"静坐功"。

豁达。庄子认为："按时而处顺，哀乐不能入。"主张处世要乐观。他曾形象地比喻：水泽里的野鹤，十步一啄，百步一饮，逍遥自得，悠闲自如，因而得以保生；而笼中之鸟虽然饮食充足，但有翅难飞，蹦跳不能，成天低头不鸣，无精打采，因此难以全生。一个人长期锢于自己设置的精神枷锁中，必然会忧愁苦恼，"病从心起"。他告诫人们，要保持身体健康，很重要的一点是保持心理平衡，进而做到心境平和、超然自在。

（五）姜子牙养生之道

姜子牙，姓姜名尚，字子牙，号飞熊，史称吕尚，即姜太公。东海上（今河南许昌）人，生活于商末周初，中国古代政治家、军事家，周朝开国元勋。关于他的年龄在历史上仍是个谜，有说活了139岁，《史记》关于姜子牙的年龄是这样说的，"盖太公之卒百有余年"，他享年百余岁是肯定的。

姜子牙大器晚成，年逾古稀，才华未得以施展，在商纣王朝做官时，因不满商纣王暴政，便弃官归隐。他听说周文王礼贤下士，便有意到渭水之滨（今宝鸡市西乡钓鱼台）垂钓养志，期待文王巡访。终于，80岁时被周文王拜为丞相，从此辅佐周室安邦治国，建立西周，直至97岁还身体健康，精力充沛，大展宏图。

姜子牙从小就修炼道教的内家修炼法，讲究积善修德，明道行仁，拥有豁达、淡泊的性格，能忍，谨慎，坚持。另外，他还有独特的养生秘籍，就是几十年的垂钓爱好。垂钓，作为一种修身养性之道，颇有益处：

一是健身。垂钓之时，往返奔波，活动筋骨，按摩脏腑，沐浴身躯，体增活力，可以强健体魄。在垂钓的江河湖畔，草木葱绿，空气清新，令人心旷神怡，能提高人体免疫功能。

二是养性。姜氏钓鱼不用饵，不弯钩，名为钓鱼，实为养性。观标聚神，细察涟漪，专心致志，远眺江湖之波涛，近闻林中之鸣鸟，心平气静，修养真性。置身于大自然之中，体悟天人合一的意境，既陶冶情志，又自得其乐。

三为固志。子牙大器晚成，年逾古稀，才华还未得以施展，但从不心灰意冷，依然以垂钓磨其性，固其志，温韬略，炼雄才，习战法，终有所得。当他听说周文王礼贤下士，便到渭水之滨垂钓养老，期待文王寻访，终被周文王重用，并辅佐周武王建立周王朝。后来有"姜太公钓鱼，愿者上钩"的美谈流传于世。

（六）华佗养生之道

华佗，东汉末年著名医学家、养生家，沛国谯县（今安徽亳州）人，被后人称为"外科圣手""外科鼻祖""神医"。不仅善于治病，还特别提倡养生之道，在继承和发展前人"圣人不治已病，治未病"的未病先防理论基础上，提出了自己的独到见解及养生方法。传说，华佗在近百岁的时候，仍然面若童颜，精神矍铄，动作灵巧，步履矫健。

五禽戏。华佗认为："人体欲得劳动，但不当使极耳，动摇则谷气得消，血脉流通，病不得生，譬犹户枢不朽是也。"人应该经常劳动，但是不能过量。经常活动，能够加快摄入食物消化，使血脉流通更加顺畅，不容易生病，就好比经常转动的门轴不会朽坏一样。为此，华佗编排了一套模仿猿、鹿、熊、虎、鸟五种禽兽姿态的健身操，称为"五禽戏"。这五种动物生活习性不同、活动方式也各不相同，模仿它们的各种姿态可以使全身的各个关节、肌肉都得到锻炼，尤其适合年老体弱的人。华佗还提出五禽戏锻炼要"任力为之，以汗出为度"。华佗的健康长寿与他坚持练习"五禽戏"有很大关系。

内外适宜。在华佗的养生观念中，无论是人的内在药食，还是外在举止，都应该做到适宜。其内，主要是指服食的药物和食物具体到人都有"宜与不宜"，应该根据环境、体质、药性等酌情使用。华佗认为："基本实者，得宣通之性，必延其寿。基本虚者，得补益之情，必长其年。虚而过泻，实乃更增，千死其千，万殁其万，则决然也。"就是"对症下药"："脏不足则补其脏，腑有余则泻其腑，外实则理外，内虚则养内，上塞则引上，下塞则通下。"

其外，主要是指人的外在言谈举止要适宜，包括日常起居、生活习惯等，不合时宜的行为会导致人体阴阳失衡，从而引发各种问题。华佗认为："举止失宜，自致其罹，外以风寒暑湿，内以饥饱劳役为败，欺残正体，消亡正神，缚绊其身，死生告陈。"意思是说，一个人如果举止不端庄，放荡失宜，就会外招邪气之袭，内失阴阳之和，就等于自找苦难，自寻死路。

情志调养。"心内澄则真神守其位，气内定则邪物去其身。"华佗认为，情绪调和能够帮助人体保持阴阳平衡，去邪气，守心神。在具体情志调养上，华佗提出"十二少"观点：少思、少念、少笑、少言、少喜、少怒、少乐、少愁、少好、少恶、少事、少机。华佗认为："夫多思则神散，多念则心劳，多笑则藏腑上翻，多言则气海虚脱，多喜则膀胱纳客风，多怒则腠理奔血，多乐则心神邪荡，多愁则头鬓憔枯，多好则志气倾溢，多恶则精爽奔腾，多事则筋脉干急，多机则智虑沉迷，斯乃伐人之生，甚于斤斧，损人之命，猛于豺狼。"要保持心态平和，尽量避免情绪大起大伏。出现高度紧张、压力过大、抑郁等问题时，要及时排解和疏导。

（七）孙思邈养生之道

孙思邈，唐代药学家、道士，被后人尊称为"药王"，京兆华原（今陕西省铜川市）人。关于他的年龄，有记载是101岁，有说是141岁，他具体活了多少岁无从得知，相传他百岁时犹视听不衰，神采甚茂，可谓古之聪明博达长寿者也。

孙思邈从小聪明过人，长大后开始爱好道家老庄学说，隋开皇元年（581年），见国事多端，便隐居陕西终南山中，渐渐获得了很高的名声。他撰写的《千金要方》《千金翼方》，被誉为"中国古代医学百科全书"。唐朝建立后，他接受朝廷邀请，开展医学活动，并完成了世界上第一部国家药典《唐新本草》。

孙思邈养生"十大旨要"：

一曰啬神。静心怡神，爽身悦志，不为事忧，不为物动，淡然天为，睿智达观。

二曰爱气。爱惜固护人身之正气，行气、调气、养气。

三曰养形。经常参加运动，身体康健，推迟衰老。形体常动勤动以养护神室气宅。

四曰导引。"道气令和，引体全柔"。包括气功、按摩推拿、健身操术等运动方法，以使体内真气升降运动和自然界息息相通，以使人体内气更为充实旺盛。

282

五曰言论。少言慎语。

六曰饮食。调节饮食与食养，包括食补、食治。

七曰房室。房中补益，固精节欲，养精蓄精。

八曰反俗。抑俗常之情以养性。

九曰医药。用药物调整身体的机能，用以防疾治病，强身健体，延年益寿。

十曰禁忌。禁止避忌有违自然的事情。

孙思邈《养生百字铭》：

怒甚偏伤气，思多太损神。神疲心易疫，气弱病相因。勿使悲欢极，当令饮食均。再三防夜醉，第一戒晨嗔。亥寝鸣云鼓，寅兴漱玉津。妖邪难犯己，精气自全身。若要无诸病，常当节五辛。安神宜悦乐，惜气保和纯。寿夭休命论，修行本在人。若能遵此理，平地可朝真。

孙思邈《保生铭》：

人若劳于形，百病不能成。饮酒忌大醉，诸疾自不生。食了行百步，数将手摩肚。睡不苦高枕，唾涕不远顾。寅丑日剪甲，理发须百度。饱则立小便，饥乃坐漩溺。行坐莫当风，居处无小隙。向北大小便，一生昏幕幕。日月固然忌，水火仍畏避。每夜洗脚卧，饱食终无益。忍辱为上乘，谗言断亲戚。思虑最伤神，喜怒伤和息。每去鼻中毛，常习不唾地。平明欲起时，下床先左脚。一日免灾咎，去邪兼辟恶。但能七星步，令人长寿乐。酸味伤于筋，辛味损正气。苦则损于心，甘则伤其志。咸多促人寿，不得偏耽嗜。春夏任宣通，秋冬固阳事。独卧是守贞，慎静最为贵。财帛生有分，知足将为利。强知是大患，少欲终无累。神气自然存，学道须终始。书于壁户间，将用传君子。

孙思邈养生秘诀：

孙思邈提出了独到的养生秘诀，概括为三个字"忌、动、乐"。

忌——生活要注意节制检点，禁忌放纵欲望。有一首"四不贪歌"：酒色财权四道墙，人人都在里面藏。有人能跳墙外来，不是神仙便寿长。

动——生命在于运动。有一首养生歌：天有三宝日月星，地有三宝水火风。人有三宝精气神，会用三宝天地通。精、气、神是从运动中来的，要养炼精、气、神，就能长寿。孙思邈非常喜欢练道家的气功，酷爱书法，经常步行，到了迟暮之年还能精神抖擞地行医、著书。

乐——人生于世应快快乐乐。孙思邈一生无忧无虑，性情乐观，爱好下棋、种花、钓鱼等，始终把自己看成孩童。他认为，人的精神对健康很重要，情感反常，喜怒无度，杂虑太过，牢骚太盛，就会影响脑神经，都会引起脏腑功能失调和新陈代谢障碍。孙思邈借此得以无病而终，享尽天年。

孙思邈日常生活养生长寿方法：

清晨一碗粥，晚饭莫教足。撞动景阳钟，叩齿三十六。大寒与大热，且莫贪色欲。醉饱莫行房，五脏皆翻覆。火艾漫燃身，怎如独自宿。坐卧莫当风，频于暖处浴。食后行百步，常以手摩腹。莫食无鳞鱼，诸般禽兽肉。自死禽与兽，食之多命促。

284

孙思邈养生十三法：

1.发常梳。将手掌互搓36下令掌心发热，然后由前额开始扫上去，经后脑扫回颈部。早晚做10次。经常做此动作，可以明目祛风，防止头痛、耳鸣、白发和脱发。

2.目常运。（1）合眼，然后用力睁开眼，眼珠打圈，望向左、上、右、下四方；再合眼，然后用力睁开眼，眼珠打圈，望向右、上、左、下四方。重复3次。（2）搓手36下，将发热的掌心敷上眼部。经常做此动作，可以强化眼睛，纠正近视和懒视。

3.漱玉津。玉津即津液、口水。（1）口微微合上，将舌头伸出牙齿外，由上面开始，向左慢慢转动，一共转12圈，然后将口水吞下去。之后再由上面开始，反方向再做一下。（2）口微微合上，舌头在口腔里围绕上下腭转动，左转12圈后吞口水。然后再反方向做一次。吞口水时，尽量想象将口水带到下丹田。口水含有大量酶，能调和激素分泌。经常做此运动，可以强健肠胃，延年益寿。

4.耳常鼓。（1）手掌掩双耳，用力向内压，然后放手，应该有卜一声。重复做10次。（2）双掌掩耳，将耳朵反折，双手食指压中指，以食指用力弹后脑风池穴10下，卜卜有声。此动作在每天临睡前做，可以增强记忆和听觉。

5.面常洗。（1）搓手36下，暖手以后上下扫面。（2）暖手后双手同时向外翻。经常做此动作，可以令脸色红润有光泽，同时不会有皱纹。

6.头常摇。双手叉腰，闭目，垂下头，缓缓向右扭动，直至恢复原位为一次，共做6次。反方向重复。经常做此动作，可以令头脑灵活，防止颈椎增生。

7.齿常叩。口微微合上，上下排牙齿互叩，无须太用力，但牙齿互叩时须发出声响。轻轻松松慢慢做36下。经常做此动作，可以令上下腭经络通畅，有助保持头脑清醒，促进肠胃吸收，防止蛀牙和牙骨退化。

8.腰常摆。身体和双手有韵律地摆动。当身体扭向左时，右手在前，左手在后，在前的右手轻轻拍打小腹，在后的左手轻轻拍打"命门"上穴位。反方向重复。最少做50下，能多做更好。经常做此动作，可以强化肠胃，固肾气，防止消化不良、胃痛、腰痛。

9.腹常揉。搓手36下，手暖后两手交叉，围绕肚脐顺时针方向揉。将自己的身体当作一个时钟，揉的范围由小到大，做36下。经常做此动作，可以助消化、吸收，消除腹部鼓胀。

10.摄谷道。吸气时提肛，即将肛门的肌肉收紧。闭气，维持数秒，直至不能忍受，然后呼气放松。此动作随时可做，最好每天早晚各做20~30次。经常做此动作，可以防治痔疮、前列腺疾病，缓解尿失禁，强壮脏腑，益肾壮阳。

11.膝常扭。双脚并排，膝部紧贴，身体微微下蹲，双手按膝，向左右扭动，各做20下。经常做此动作，可以强化膝部关节。所谓"人老腿先老，肾亏膝先软"。延年益寿，应从双脚做起。

12.常散步。挺直胸膛，轻松地散步，最好心无杂念，尽情欣赏沿途景色。

13.脚常搓。（1）右手擦左脚，左手擦右脚。由脚跟向上至脚趾，再向下擦回脚跟为一下，共做36下。（2）两手拇指轮流擦脚心涌泉穴，共做100下。

孙思邈"十二"养生诀：

"十二不"——养性之士，唾不至远；行不疾步；耳不极听；目不极视；坐不久处；立不至疲；卧不至懵；先寒而衣，先热而解；不欲极饥而食，食不过饱；不欲极渴而饮，饮不过多；当是"饮食有常节，起居有常度，不妄作劳"。

"十二少"——养摄生者，常少思，少念，少欲，少事，少语，少笑，少愁，少乐，少喜，少怒，少好，少恶。认为"行此十二少者，养性之都契也"。

"十二多"——多思则神怠，多念则神散，多欲则志昏，多事则形劳，多语则气乏，多笑则脏伤，多愁则心慑，多乐则意溢，多喜则忘错昏乱，多怒则百脉不定，多好则专迷不理，多恶则憔悴无欢。

"十二伤"——深忧重悲伤也，悲哀憔悴伤也，喜怒过度伤也，汲汲所欲伤也，戚戚所患伤也，久谈言笑伤也，寝息失时伤也，挽弓强弩伤也，沉醉呕吐伤也，饱食即卧伤也，跳足喘乏伤也，阴阳不交伤也。

（八）陆游养生之道

陆游，字务观，号放翁，越州山阴（今浙江绍兴）人，南宋著名文学家、史学家、爱国诗人，享年85岁。据说陆游祖辈三代人年龄没有超过60岁的，他不仅在家族中而且在当时也是高寿之人，晚年仍耳聪目明，身体硬朗，行走自如。曾有诗云："养生如艺树，培植要得宜。"

乐观豁达。陆游年轻时热血沸腾，20岁那年写下了气壮山河的诗篇："上马击狂胡，下马草军书。"30岁参加礼部考试，名居第一，由于政见不同而遭投降派秦桧打击，被除掉了名字。虽然壮志未酬，但他毫不消沉，苦读兵书，孜孜不倦地习武……乡居的日子艰难恶劣，可他笑傲苍天，沉吟道："昨夕风掀屋，今朝雨壤墙。虽知炊米尽，不废野歌长。"狂风掀翻了屋顶的瓦片，雨水淋湿了整个墙壁，加之要为柴米油盐奔忙，但它阻挡不了陆游的诗兴，于是放开喉咙继续朗诵。陆游看透世事，不患得患失，凡事想得开，不怨天尤人，不悲观失望。

以诗相伴。陆游一生笔耕不辍，诗词文具有很高成就。写诗吟诗，以诗会友，是他闲居生活的第一爱好。他把写诗作为评论朝政、褒贬时弊和表达爱国情怀的主要手段，到了84岁，还"无诗三日却堪忧"。有手定《剑南书稿》85卷，收诗9000余首，有《渭南文集》50卷，《老学庵笔记》10卷及《南唐书》等。正是由于诗作连绵，心绪得到不断寄托、抒发，使他情志舒畅，很利于身心健康。

运动健身。陆游是爬山爱好者。他有诗云："平生爱山每自叹，举世但觉山可玩。皇天怜之足其愿，著在荒山更何怨。南穷闽粤西蜀汉，马蹄几历天下半。山横水掩路欲断，崔嵬可陟流可乱。春风桃李方漫漫，飞栈凌空又奇观。但令身健能强饭，万里只作游山看。"陆游对蹴鞠（踢足球）情有独钟。在《晚春感事》中说："少年骑马入咸阳，鹘似身轻蝶似狂。蹴鞠场边万人看，秋千旗下一春忙。"

下棋养花。在《夏日北榭赋诗弈棋欣然有作》中云："悠然笑向山僧说，又得浮生一局棋。"如果白天没时间下棋，陆游就挑灯夜战："笕水晨浇药，灯窗夜覆棋。"他以诗抒发养花的心情："方兰移取遍中林，余地何妨种玉簪。更乞两丛香百合，老翁七十尚童心。"

经常劳作。陆游闲居乡间时，习惯于割草、拾粪、扫地等轻度体力劳动。他说："八十身犹健，生涯学灌园。""常在花间走，能活九十九。"《小园》诗云："小园烟草接邻家，桑柘阴阴一径斜。卧读陶诗未终卷，又乘微雨去锄瓜。""村南村北鹁鸪声，水刺新秧漫漫平。行遍天涯千万里，却从邻父学春耕。"陆游常做家务活，他的《冬日斋中即事》很有趣："一帚常在傍，有暇即扫地。既省课童奴，亦以平血气。按摩与导引，虽善亦多事。不如扫地去，延年直差易。"

素食为主。陆游主张素食为主，多吃蔬菜，力求清淡。他在《杂感》中写道："肉食养老人，古虽有是说。修身以待终，何至陷饕餮。晨烹山蔬美，午漱石泉洁。岂役七尺躯，事此肤寸舌。"《素饭》诗云："放翁年来不肉食，盘箸未免犹豪奢。松桂软炊玉粒饭，醯酱且临银色茄。"陆游吃得最多的是白菜、芥菜、芹菜、竹笋、韭菜、茄子、荠菜和豆腐。他对食粥情有独钟，在《食粥》诗中说："世人个个学长年，不悟长年在目前。

我得宛丘平易法，只将食粥致神仙。"在《薄粥》中告诫老年人，由于消化能力差，常喝稀粥对健康有利："薄粥枝梧未死身，饥肠且免转车轮。"

钓鱼作乐。陆游把钓鱼当作人生的一大乐事，写钓鱼的诗句也很多，"春耕秋钓旧家风""息倦登耕陇，乘闲弄钓舟""观书方坐石，把钓又登舟""西风沙际矫轻鸥，落日桥边系钓舟"。他不仅白天垂钓，有月光的夜晚仍兴致盎然。"睡倦但欲依书几，坐久还思弄钓舟。"在《闲中偶题》诗中云："花底清歌春载酒，江边明月夜投竿。"他钓鱼如醉如痴，即使病了，也"羁怀病思正厌厌，诗卷渔竿信手拈""病起重来理钓丝"。陆游"八十溪头把钓竿"，晚年仍不忘垂钓。

睡前洗脚。陆游写了一首脍炙人口的《泛舟过金家埂赠卖薪王翁》："老人不复事农桑，点数鸡豚亦未忘。洗脚上床真一快，稚孙渐长解烧汤。"他对家人说："春天洗脚，升阳固脱；夏天洗脚，暑热可却；秋天洗脚，肺润肠濡；冬天洗脚，丹田湿灼。"睡前洗脚刺激穴位，可以舒经活络，保持气血畅通，增强人体免疫力，达到延年益寿的功效。

（九）张三丰养生之道

张三丰，辽东懿州（今辽宁彰武西南）人，有说陕西宝鸡人，宋末元初至明永乐（有说明天顺年间或清雍正年间）时期显世道家学者，中国道教全真道武当道、三丰派开山祖师，活了100

多岁，有说活了200多岁，他的年龄成了一个未知之谜。由于他健身有方，常常是"飘然而来，忽然而去"，"九州往来，浩忽无岸"，明太祖朱元璋封他为"飞龙先生"。

张三丰14岁考取文武状元，18岁任元朝博陵县令，67岁辞官出家修道。传说他"姿态魁伟，龟形鹤背，大耳圆目，须髯如戟"，一生不慕荣利，遁世清修。据其自述，他曾任县令，后弃官出家为全真道士。曾于终南山遇火龙真人传以丹诀。游武当山，与其徒在该山创草庐以修道，预言"此山异日必大兴"，嘱其弟子"善守香火"。离开武当山云游至四川，在青城山和鹤鸣山访真览胜，首创太极拳，以修道健身之用。其实，张三丰的长寿秘诀，就是练太极。

明代时，张三丰的事迹广为流传，朱元璋先后两次派人探访他的踪迹，朱棣皇帝也先后派人到武当山等多处寻觅其踪迹，都未果，后下令在全国寻找，就是想向张三丰讨教养生之术。

张三丰健身之道以"内功"传世。清代王渔洋曾说："拳勇之技，少林为外家，武当三丰为内家。"这是我国拳技、气功的两大派别。

张三丰主张"福自我求，命自我造"，倡导和追求的"内功"及"气"，是以气养性，以气养心，以气养身。《张三丰太极拳论》说："人之生机，全恃神气，气清上浮，无异上天，神凝内敛，无异下地，神气相交，亦宛然一太极也。故传我太极拳法，即须先明妙道。""学太极拳为入道之基，入道以养心定性、聚气敛神为主。故习此拳，亦须如此。若心不能安，性即扰

291

之，气不能聚，神必乱之，心性不相接，神气不相交，则全身之四体百脉，莫不尽死，虽依势作用，法无效也。"这是关于太极拳原理最经典的论述。那么，如何养气呢？张三丰的体会是：

潜心。"潜心于渊，神不外游。""澄心宜寡欲，养气忌多言。"

静心。"心静自调息，静久心自定。"人心荡漾，心事重重者不能养气。心欲静贵在制伏两眼。要"眼神鼻视脐，上下相顾，心息相依，这样便可降伏思虑"。

清心。清心则要寡欲凝神。"凝神者收已清之心而入其内，心未清时眼勿乱闭，先要自劝自勉，劝得回来，清凉恬淡始得收入气穴。"

调息。调息即调匀呼吸。调息不难，心神一静，随吸自然，心平气和，气和则调息。

真心。他认为"人心有二，一真一妄；世有学道数月而不见其寸进"，便无真心。"学不精，功不勤，心不清，神不真，以此之道，万无一成。"

以上这些，是养气的必备条件，也是养气修心者首先要做到的。这几条做到了，就要凝神聚气。张三丰指出："凡人养神养气，神即为收气主宰。""收得一分气，便得一分宝，收得十分气，便得十分宝。"他奉劝世人不要"争功名""羡人富"而产生嫉妒心情，以损精气。在日常生活中，要注意饮食起居。"善保身者，谈笑宜少。""堪叹世人不学仙，四时常怕病来缠。岂知一气原无敌，气满身中命可延。"这就是养气延年的机理所在。

（十）乾隆养生之道

乾隆，清高宗爱新觉罗·弘历，清朝第六位皇帝，乾隆是年号。他在位60年，又当了3年太上皇，享年89岁，是中国古代帝王中最长寿的一个，被世人称为"古稀天子"。据说乾隆暮年身康体健，一生未用眼镜，去世前两年还能外出狩猎，临终前不久尚能写字读书。

到了乾隆年间，出现空前盛世，这为乾隆提供了营养、滋补、锻炼、休闲丰厚的社会基础和物质保证。但他长寿的主要秘诀还是先天禀赋高、自律意识强、养生有术。

喜欢弯弓习武。乾隆夏天接见武官后，经常与他们比试射箭，秋天出塞时也是如此。作为一种娱乐活动，射箭使人心情舒畅，精神焕发，心态得到良好的调整。

喜欢打猎。打猎时，行走在大自然中，欣赏山川林草，呼吸新鲜空气，感悟鸟语花香，人体吸氧量明显增加，使人心胸开阔，情怀舒畅，身心畅达。在围猎过程中，要集中精力，频繁活动，果断处置，可谓紧张刺激，身心能够得到高度放松。

乾隆一生6次巡游江南，5次西巡五台山，3次东巡泰山。每次巡游时间长短不一，多在数月之间。在轻松的游览过程中，不仅领略了大自然的风光，还开阔了眼界，锻炼了意志，增强了体力。

乾隆始终保持着早起的习惯。正如史书所载："上每晨起必须卯刻，若在长夏时天已向明，至冬月才五更尽也。"良好的起

293

居习惯，对他的身体健康起到了很好的作用。

喜欢赋诗。乾隆不但爱诗，还是一位诗人，闲暇时也喜欢习书作画。他经常把写好的诗传给有一定文学素养的官员们评阅，遇到引用典故之处，还会让官员们做出解释，"以文会友"，一点不摆架子。乾隆很注重尊老、敬老、爱老。乾隆三十二年(公元1767年)春节，乾隆在皇宫大摆宴席，邀请100名百岁以上的老人参加，宫中文武官员也都参加祝贺。当得知席中有位赵姓老人141岁时，乾隆欣然与大学士纪晓岚即席对诗祝贺。乾隆上联："花甲重逢，外加三七岁月。"60岁为一个花甲，"花甲重逢"正好是120岁，"三七岁"即21岁，两者相加，恰为141岁。纪晓岚略加思索，对出下联："古稀双庆，更多一度春秋。"70岁为古稀，两个70岁为140岁，再加一岁，正好是141岁。上下联不仅岁数相符，而且对仗工整，文笔流畅。众人都赞叹不已。

喜欢饮茶。乾隆常与能诗善文的大臣一起品茗观戏，赋诗联句，乐在其中。他对音律也很感兴趣，而且自己能使用乐器。在每年的祭灶日子里，乾隆皇帝常自击鼓板，吟唱《访贤曲》。

乾隆常服的补益增寿方药有6种以上，其中最主要的当数龟龄集和松龄太平春酒。松龄太平春酒是乾隆十分喜欢饮用的一种补益药酒，该酒具有益气健脾、养血活络的功效。

乾隆曾把他的长寿秘诀归纳为16个字，即"吐纳肺腑，活动筋骨，十常四勿，适时进补"。所谓"十常四勿"，即"齿常叩，津常咽，耳常弹，鼻常揉，睛常运，面常搓，足常摩，腹常施，肢常伸，肛常提；食勿言，卧勿语，饮勿醉，色勿迷"。

四、养生过程需要把握的十个问题

养生之事，平常但不寻常，既简单又复杂，是一项系统工程。因此，要想取得理想的成效，还应从宏观层面上做一些理性思考，注重在总的指导思想下把握关键要素，从而为养生注入动力，提供支持，赢得保证。

（一）一个理念管一生

有一则广告说得好："思想有多远，我们就能走多远。"一个生命价值理念，对于人的思想以及生活、行为方式具有引领、督导、示范作用。自然自得，这是一个颐养生命的科学理念，一个人人都应遵从的理念，一个能够让人受益一生的理念。

自然自得，《黄帝内经》全书在阐释这个理念，本书从头到尾都在解释这个理念，为什么还要进一步强化呢？因为这是全书的"魂"，理解不易，践行更难。树立起一个理念，不是轻而易举的事情。回想一下，我们这几十年，真正能够在脑海中根深蒂固的观念有多少？现在，人们对离自然越来越远的倾向仍缺乏足够的警觉和反省。人们总想征服世界，却难以征服自己；生于天地之间，却难以天人合一；整天喊着向往自然，却疏于回归自然。即使身在自然中，心却没有融入自然，精神世界仍然飘忽不定。人无理念，头脑无主见，行动无遵循，行为无常态，就很难有所成就。

确立起这个科学的观念，首先要做到坚信。信仰是力量之源。《黄帝内经》告诉我们："人以天地之气生，四时之法成。""人能应四时者，天地为之父母。""法于阴阳，和于术数，饮食有节，起居有常，不妄作劳，故能形与神俱，而尽终其天年。"类似这些"自然之道"，实乃顺之则昌，逆之则衰，概无例外。这些中华传统文化的精华值得我们尊崇。其次要真懂。学一学《黄帝内经》，读一读古典哲学，真正了解人本为自然、人与自然相参相应的道理，懂得自然之于生命的重要。再次要善用。以"自然自得"的理念为"总开关"，在日常中切实加以遵循，用以指导养生的全过程。"虚邪贼风，避之有时；恬淡虚无，真气从之；精神内守，病安从来。"最后要坚持。只要长期坚持，就会从尝到"甜头"开始，在良性循环中长期受益。当你真正有了心得体会的时候，这个理念就是你自己的。

（二）重视对人自然属性的关怀

人的自然属性是与生俱来的，是人生存发展的物质基础，真正健全的人，是自然属性与社会属性的高度统一。从养生角度讲，两重属性对人的健康长寿都至关重要。人的本质属性是社会性，人要追求社会价值，这是天经地义的。现在的问题是，人们在打拼事业，追求发展、成功、名利的过程中，有时自觉或不自觉地疏忽了对自然属性的关怀，整天神经绷得紧紧的，身心过度耗损，"欠账"太多，造成严重透支，影响了人的全面发展。人生五脏六腑，自有七情六欲，生长、生存、休息、安全、繁衍等，都需要足够的时间和条件来保障。不能忽视了自然生长的过程，一味地去拼搏，整天顶着压力，为了"人生"而忽视了"人性"，为了"生活"而忽视了"生命"，为了"面子"而忽视了"里子"。忽视人自然属性的教训有许多，大家都看在眼里，但到自己身上往往"依然故我"，无可奈何。

许多时候，人们似乎羞于谈论人的自然属性，说起来好像是格调不高，不思进取。其实这是误区，是狭隘的认识。人的这两种属性，应该是在一个健全人身上的完美结合，犹如车之两轮、鸟之两翼，不可或缺。没有生存、发展、安全，那么名誉、尊严、幸福靠什么来保障？所以，要少一些人为的"拔高"，不要给自己过分"加码"，少做那些本末倒置的事情。当然，提倡重视人的自然属性，绝不是放任欲望，而是针对当前许多人两重属性发展不平衡的问题，希望通过呼唤人们关注自然属性而激发颐养生命的热情。

自然属性的满足主要靠自己来保证。人们应该学会休养生息，适时地给心灵"放个假"，给身体"减减压"，给情志"扫扫灰尘"，给人的能量"充充电"，照顾到全面发展、长期发展，善于调理身心，均衡供给营养，注意养精蓄锐，让自己经常保持良好的状态。要合理安排生活的节律，适时休息、保养、健身、娱乐。家庭是心灵的港湾，要给回归家庭留有恰当的时间和空间，在温暖的家庭氛围中获得快乐。要让休假成为"刚需"，休闲成为时尚，自娱自乐成为常态。

（三）习惯成自然

人这一辈子的路程，实际上就是多个习惯的总和，可以说习惯就是养生的常态。当一个人把符合养生规律的良好心理和行为，以稳定的形式固定下来，训练并长期保持就会成为习惯，等到不需要思考琢磨，似乎是本能反应的程度，就达到了自然的境界。

习惯的力量，往往左右人的生活，甚至决定一个人的命运。《黄帝内经》在开篇《上古天真论》中，开门见山地揭示了生活方式与健康长寿的关系，指出健康的生活方式是健康长寿的根本，不健康的生活方式是早衰的根本原因，希望人们充满活力地活到自然寿命的最大值，"尽终其天年，度百岁乃去"。不仅在开篇，《黄帝内经》通篇都在灌输人们养成良好的行为习惯，常常把"圣人"的行为拿来进行分析讨论，讲清楚他们的生活方式、处事方法、行为习惯的益处，来劝导人们做个"圣人"。这个"圣人"用今天的话说，就是明白人，能够自知、自信、自制。

良好习惯的养成，需要信念和坚持，还应与兴趣爱好相融合。持之以恒可以养成习惯，习惯常态化便成为自然，只有自然而为，才能心不厌倦，行不乱为，外无所扰，身心与自然节律相同步，从而产生由内而外的愉悦感。当悟出了门道，产生了兴趣，上了"瘾"，那就更好坚持。我们就是要追求这种于自然状态下自由自在生活，于丰富多彩的生活中享受快乐，于润物无声中滋养生命的品质。讲到生命的品质，并不是说享受荣华富贵，而是活得有滋有味、有声有色，生命的认知、质量、标准等方面具有较高的水平，具体来说，应该是有健康，无病患缠身；有尊严，无拖累别人；有快乐，无苦闷烦忧；有劲头，无悲观情绪。

（四）身心合一

《黄帝内经》对形体与精神的辩证统一关系做过明确的阐述，指出精神统一于形体，精神是由形体产生出来的生命运动。在《本神》中详尽描述了思维活动的产生过程，把身与心的关系讲得十分明了。在《天年》中说："神气舍心，魂魄毕具，乃成为人。"在《上古天真论》中说："形与神俱，而尽终其天年。"通俗地讲，人是身与心的高度统一体，身是心的物质载体，心是身的统率机关，身为本，心为上。脏腑是情绪产生的生理基础，身体的生理结构及其功能状态，在很大程度上决定人的心理状态，甚至人生命运。身心合一的人，精神饱满，身体健硕。相反，如果一个人心不在焉、精神涣散，则四体不勤、体弱多病。《逆调论》中甚至说："人身与志不相有，曰死。"

任何心理问题都有其物质或能量基础。人类的心理问题，现代心理学、医学都感到棘手。大量的事实说明，人的内心状态对健康产生至关重要的影响，甚至可以说，人体80%的疾病都是由内心的不良情绪造成的。真正做到身心合一，确实是件难事，关键还得靠自己。常有人告诫，最好的医生是自己，用在这里实为恰当。

道家讲"性命双修"，内养心性，外练形体，形神俱妙，与道俱化，对我们是有启发的。关键在于领悟其中的要义，体会身心合一的感觉，琢磨进去，静得下来，沉得下去，把重点放在修炼心性上，恬淡虚无，精神内守，凝神静气，神魂专注，心不散、不漂、不乱、不歪，聚精会神。总之，在平时要有意识地加强修炼，既强健体魄，又健全心理，使两者得到协调发展，使身心自由自在，进而达到和谐统一。一旦达到这种境界，就累积了延年益寿的功德。

（五）综合施养

生活多姿多彩，人生渴望辉煌，而生命青睐的是简单。如何来把握呢？肯定要统筹兼顾。《黄帝内经》分为《素问》和《灵枢》两大部分，如此区分，是大有深意的。《素问》之义，"素者，本也，方陈性情之源，五行之本"。因为人是具备气形质的生命体。《灵枢》最早称为《针经》，主要讲经络行刺的原理，其义为"神灵之枢要，是谓'灵枢'"。《黄帝内经》成书的结构就直接宣示人体生命活动的系统性、复杂性。所以，养生需要关注生命活动的全部，整体考虑，综合把握。有些人养生，或者有偏好，或者"跟风"，或者"一阵风"，看起来兴致挺高，其实没多大用处，也许身体某项指标一时达标，可其他问题随之出现，甚至适得其反，主要问题在于没有以科学的态度来对待养生。

综合施养，不是乱养，就是顺应自然，从身心状况出发，因人施养，顺因施养，全面施养，在平常的岁月中自在而有规矩地生活。具体应注意以下几点：一是养要全面。着眼于适应形体、脏腑、经络、精神情志、气血等方面，把养神、养气、养心、养精、养形作为一个完整的体系，结合调养。二是养要全程。在生命的各阶段，都要注重养生，只是侧重点不同而已。三是养要适度。按照生命活动规律，做到合其常度，恰到好处，不可太过，也不可不及，使机体内外协调，适应自然变化，增强抗病能力。四是养勿过偏。动静结合，劳逸结合，补泻结合，形神共养，兼顾整个机体，不可失之过偏，避免出现偏颇、失调、失控，达到人与自然、体内脏腑、气血阴阳的平衡统一。五是审因施养。具体情况具体对待，不能一概而论，因人、因时、因地不同而各有侧重，尊重个人特点，各有所好，各有所乐。

（六）做健康的主人

一份责任凝结着一份爱。自己不对自己的生命负责，别人无论如何也担不起这个责任。对自己的生命负责，是对生命科学的尊重，就是对家人负责、对亲人负责、对爱你的人负责、对社会

301

负责。再往大点说，一个人的健康，关系到个人的成功、家族的兴旺乃至民族的强盛。有了这样的认识，就该对自己的身体多花一些心思，养成良好的生活习惯，及时掌握身体变化情况，适时进行保养和调理。

自信是健康的最大底气。只有自己才是自己生命的主宰。信心既可以唤醒责任，又能够激发动力。要对自己抱有信心，管理好自己的身体，我行，我一定能！有了这个底气，人的精神头就充沛，颐养的主动性会更高，克制自己欲望和行为的能力也会增强。当自己有意识地去养生的时候，这个颐养过程也是讲究生活质量的过程，生命的品质也会随之提升。

还应克服"过度养生"的问题。有些人似乎过于注重养生，这也不能吃，那也不能喝，一天到晚抱着血压计、测糖仪，有点小毛病就紧张得不得了，患上养生焦虑症，把好端端的日子过得拘谨乏味，自添烦恼不说，还影响健康。人的衰老是自然过程，得了病也是正常的事情，合理处置就行，不能过分敏感、过度反应，草木皆兵。正常的生活本身就是最好的养生，顺天应时，自然而为，自由自在，比什么都实在。

（七）做大自然的好朋友

阳光、空气、水是生命之源，人一刻也离不开。地球上已知的生物有190多万种，其中动物150多万种、植物40多万种，它们是人类生存的重要依靠。人类和这些生物构成了生命共同体，在大自然这个共有的家园里和谐共生，这是大自然神奇的力量创造出的神圣场景。同时，它还给了大家最宝贵而又最公平的生存环境。人类在这个家园里无疑是最高级主导者，就个体而言，每个人生活得怎样、生命状态如何，很大程度上取决于对大自然的认知和融合状况。你融入自然，顺应自然，心态会更加淡然，生机会更加旺盛，身心会更加调达舒畅。《黄帝内经·素问》说："人以天地之气生，四时之法成。"又说："夫四时阴阳者，万物之根本也。"这都是告诉人们，人和宇宙万物一样，是禀受天地之气而生，按照四季法则而生长的，人与大自然息息相关。可以说，我们都需要把自己融进去，不断深化这样的共识。

提高对大自然的感悟能力。不断深化对大自然的认识，增进与大自然的情感，培育热爱大自然的情怀，增强保护大自然的动力，激发研究大自然的热情，形成融入大自然的良好习惯。在感悟自然中培育生命的自然价值观，在顺应自然中追求身心一体、天人合一的崇高境界。

心怀对大自然的敬畏之心。大自然在滋养人类的同时，也给我们设置了许多界限，它的馈赠是最无私的，惩罚也是最无情的，冒犯大自然，就是冒犯我们自己，打破大自然的平衡，就是破坏人类生存条件的平衡。人与大自然和谐相处是纲纪，对大自然要心怀敬畏，心存仁爱，心有柔善，懂得抱朴守拙，行有所止，行有所惧，行有所念，绝不做伤天害理之事，善待每个生灵，自觉抵制掠夺、毁灭、挥霍自然资源的行为。节制无限的欲望，限制无度的竞争，杜绝无谓的消耗，大力培植资源的再生与发展，真正为人的可持续发展留有余地。人不负大自然，大自然定不负人。

积极参与保护大自然的行动。从我做起，从房前屋后做起，从一草一木做起，多参加保护和修复大自然的活动，克制资源消耗，减少环境污染，讲究环境卫生，维护公共秩序，努力实现人与自然的和谐共生。

（八）懂些生命科学常识

著名医学家钟南山院士曾经说过：人们早期的健康生活是医学追求的最终目标，主要功能应该用在预防、保健和康复上。还有专家主张：人们要把主要力量花在养生上，不要等到生命的最后一刻去做无效抢救，大众健康的主要办法是从健康教育入手。这些思想都带有方向性，我们应该尽早走上这条正确的道路。

要养生，首先必须了解自己的身体。一方面，要了解人与自然之间的奥秘，懂得天与人相通的道理。《黄帝内经》说：自然界是个大宇宙，人体是个"小宇宙"，岁有三百六十五日，人有三百六十五节；地有高山，人有膝；地有深谷，人有腋腘；地有十二经水，人有十二经脉；地有泉脉，人有卫气……生命的奥妙真是无穷。另一方面，要了解人体生命机理。除了掌握一些关于人体的结构、人体各系统循环运动、五脏六腑与精神情志的相互关系、经脉穴位等常识，还应该掌握必要的医疗、保健知识，多积累一些养生经验。

如果我们真正懂得人体科学知识，不仅有利于增强养生的自觉性，还有利于掌握主动权，提高辨别力，增强养生的实效，避免犯常识性错误。有兴趣的朋友，可以读一读《黄帝内经》这部经典著作，只要深入进去，越读越有收获，它能让我们认识自己，反省人生，重新规划生活，或许还能大彻大悟。

（九）与时俱进

大自然在变化，供养人类生存的资源在变化，社会在变化，人的体质在变化，人的思想观念、生活方式也在变化……一切都处在不断变化中。变化是绝对的，唯有适者才能生存得更好。

对新问题要有解决的对策。比如，许多看似时尚的东西并不一定是健康的。有些家庭小日子过得"红红火火"，早餐准备牛奶、乳酪、火腿、鸡蛋，晚餐用大量的肉类做菜，周末还要聚一餐，隔三岔五到饭店吃一顿。实际上，这种生活是20世纪中后期让人羡慕的日子，那时大家都困难，求之不得能补一补，可是现在物质极大丰富，如果还是经常大鱼大肉不节制，结果"三高"、动脉粥样硬化、体内嘌呤代谢紊乱等都找上门来。现在，如何节制成了不少家庭面临的课题。

对新成果要积极运用。人类对人体生命的认知远来结束，对大自然的探索还在路上，随着这种认识的不断深化，人体科学奥秘逐渐被我们掌握，养生的新认识、新技术、新产品也将不断涌现，养生一定要随之跟进。但要把握好继承与创新的关系，养生的一些方式方法可以调整，人与自然相参相应的规律不会变，自然养生的原理不能变。

（十）营造一个好氛围

这些年，中国大妈们的广场舞可以说风靡全国，甚至走向了世界。无论城市还是乡村，大妈们每天兴致勃勃，风雨无阻，纵情欢乐，成了一道独特的风景。这项自发的集体运动之所以展示出如此巨大的魅力，其原因在于：能够张扬自我、焕发精神，锻炼筋骨、健美形体，回归自然、舒展身心，融入集体、激发动力。由此联想到其他养生项目，一个良好的氛围，对于坚持锻炼和提高实效确实有很大的促进作用。

良好的环境秩序靠大家来创造。要树立生命共同体理念和大健康观念，强化集体主义思想，每个人的视角要多关注集体，力量要多倾注集体，价值要多贡献集体，要对集体的事情有热心、有担当、有作为。尤其要自觉约束自己的言行，在集体交往中做到德不失范、行不越矩、道不违常。人人我为、我为人人，赢得友爱，获得快乐。

良好的颐养活动靠大家来参加。每个人都是养生的主角，大家一起来做效果会更好。主动融入集体中，找个"圈子"、入个"群"，健身活动一起来参加，经验体会一起来交流，快乐生活一起来创造。可以一起娱乐，一起旅游，一起修炼。这样一来，大家比学赶帮，兴趣盎然，氛围浓厚，自然就是对养生的促进和

自然自得

推动，也有利于长久坚持下去。

良好的家庭氛围靠大家来营造。家庭是心灵的港湾，生活的场所，也是养生的中心。良好的家庭氛围是养生的基本保证。很难想象，在家庭不和谐、条件不允许、生活无秩序的状况下养生如何收到良好的成效。在养生这件大事上，家庭主要成员应该做到理想追求同向，生活节律同步，精神情感同心，行动步调同频，在精神支持和物质保障上相互配合，为颐养生命创造积极向上的氛围，共同追求快乐、幸福、长寿和尊荣。

后　记

退休后，总觉得还应做一点儿有意义的事情。我在研读《黄帝内经》《道德经》等古典名著过程中，结合几十年来工作生活历程，逐渐把精力聚焦到了自然养生上，更准确地说，是从身体健康的角度思考一些关于生命、人生、生活的问题。我想道：其一，被称为养生宝典的《黄帝内经》，因意博理奥，常让人知难而退、敬而远之，如果将其要义简明化，结合人们日常生活的实践加以阐释，受益的人会更多。其二，常有人在回顾经历时发出慨叹，如果能回到从前，一定让岁月变得更好。实际上，人们走过一些弯路，多是因为缺乏有力的借鉴，疏于对养生真谛的研悟，能补上这一课，该有多好。其三，我前几年到西南某著名疗养院疗养时发现，那里无处不在的养生文化既具有润物无声的渗透力，又散发着醍醐灌顶般的醒人气息。我深刻地感到，养生赋予了文化色彩，才能更加深入人心。我多么希望，人们无须花太多精力，便可以领悟其真谛、把握其要领，以便在生命的旅程中少走弯路，渐入佳境。

《后汉书·郭玉传》说："医之为言意也。"身体保健是完全可以通过后天用心研究探索而取得收获的。它坚定了我学习与探索的信心。我坚持一贯的严谨治学态度，在三年多的时间里，边研读典籍，边拜师请教，边梳理总结，有了许多心得，得以让全书自成一体，得以让深奥的学问通俗化、大众化。

人的本源在哪里？与养生是什么关系？古人倡导的"顺其自然"到底是怎么回事？现在还适用吗？这些是我首先遇到的问题。所以必须从追本溯源入手，探寻现代养生的至简大道，以便找到返璞归真的路径。为此，我盯住了两条线：一是生活实践的积淀。以身边平常生活作为基本素材，试图把生活常识、生存之道、生命哲学融入养生要领。二是中国古典的精华。把《黄帝内经》《道德经》等典籍中关于中国古典哲学思想的精华尤其是生命健康学说，与新的思想观点、理念相贯通。我由此发现，古人的许多远见卓识于今天乃至今后仍具有不可或缺的指导意义，现在的许多"纠结"都可以在古人的智慧中找到答案。我还确信，一件复杂事物，还原了，就简单了，简单了，做起来就容易许多。写作中，每每把古与今、知与行、情与理有机结合起来，产生共鸣，我就越发感受到了养生文化的巨大魅力。

我的信心与执着，很大程度上来自各方的鼎力相助。感谢出版社对我的信任和支持，他们的卓越与担当，成就了"使人聪明、使人崇高"的理想，令我心生敬意、深受鼓舞。感谢武式太极拳老师解文波、著名作家栾人学、老中医卢军和长者王文瑞等人士的热心指导。我的夫人许宗云也给予了热忱的理解和帮助。每每于此时，我更加感受到了生活的惬意。

还要特别感谢两位著名专家。初稿完成后，中国中医药研究促进会中药临床药学分会副主任委员、北部战区总医院中医科主任巩阳从中医养生学角度作了审定；国务院政府特殊津贴专家、辽宁社会科学院原院长鲍振东从社会学角度作了斧正。来自专家们的较高评价和充分赞许，让我对本书社会价值的追求更加清晰。

文以寓情。纷繁的岁月场景经常在眼前浮现，纯朴的感恩之情不时在心头萦绕。我应该用心回馈，以礼相报。纵然是一声呼唤，也饱含着殷切的情怀；即便是一个理念，也期寄让人长期受益。这就是我创作的原动力，我真心希望国盛、家兴、人和；天蓝、水清、地绿；老人安康，中青健硕，孩子茁壮，好人一生平安。所以，字里行间寄托着我对广大读者包括亲朋好友真挚的敬意与美好的祝福。

本书在编写过程中参考借鉴了中华书局出版的《黄帝内经》《道德经》等书籍以及其他一些资料，在此一并致谢。由于时间仓促和水平所限，书中难免存在疏漏和不足之处，敬请读者朋友批评指正。

唯望辅助有益，悟者天成！

任万忠

2023 年 5 月于沈阳

图书在版编目（CIP）数据

自然自得 / 任万忠著 . -- 长春 : 吉林文史出版社 ,2023.9
ISBN 978-7-5472-9726-1

Ⅰ . ①自… Ⅱ . ①任… Ⅲ . ①文化学 – 研究 Ⅳ . ① G0

中国国家版本馆 CIP 数据核字 (2023) 第 175853 号

自 然 自 得
ZI RAN ZI DE

著　　者：任万忠

出 版 人：张　强

责任编辑：高丹丹

封面设计：王　哲

出版发行：吉林文史出版社

电　　话：0431-81629369

地　　址：长春市福祉大路5788号

邮　　编：130117

网　　址：www.jlws.com.cn

印　　刷：吉林省优视印务有限公司

开　　本：170mm×240mm 1/16

印　　张：20.5

字　　数：200千字

版　　次：2023年9月第1版

印　　次：2023年9月第1次印刷

书　　号：ISBN 978-7-5472-9726-1

定　　价：88.00元